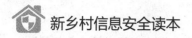 新乡村信息安全读本

反电信互联网诈骗攻略

谢建新　吴海霞 ◎ 主编

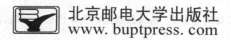
北京邮电大学出版社
www.buptpress.com

内 容 简 介

近年来，伴随着我国网信事业发展的红红火火、日新月异，电信网络诈骗也呈高发态势，诈骗手法层出不穷，社会影响甚为恶劣，给社会稳定、群众财产和生命安全带来严重威胁。俗话说害人之心不可有防人之心不可无。本书主要从防骗概述、电子商务诈骗、电信诈骗和社交互联网诈骗四个章节详细介绍互联网时代下的诈骗类型和反诈骗攻略，案例翔实，实用性强，以帮助广大人民群众保持清醒头脑，识破骗子诡计。

图书在版编目（CIP）数据

反电信互联网诈骗攻略 / 谢建新，吴海霞主编．－－北京：北京邮电大学出版社，2018.3（2020.9重印）
ISBN 978-7-5635-5423-2

Ⅰ.①反… Ⅱ.①谢… ②吴… Ⅲ.①电信－诈骗－预防犯罪－基本知识－中国 Ⅳ.①D924.33

中国版本图书馆CIP数据核字（2018）第061597号

书　　　名：反电信互联网诈骗攻略
著作责任者：谢建新　吴海霞　主编
责 任 编 辑：徐振华　廖　娟
出 版 发 行：北京邮电大学出版社
社　　　址：北京市海淀区西土城路10号（邮编:100876）
发　行　部：电话:010-62282185　传真:010-62283578
E-mail：publish@bupt.edu.cn
经　　　销：各地新华书店
印　　　刷：保定市中画美凯印刷有限公司
开　　　本：720 mm×1 000 mm　1/16
印　　　张：9.25
字　　　数：138千字
版　　　次：2018年3月第1版　2020年9月第5次印刷

ISBN 978-7-5635-5423-2　　　　　　　　　　　　　　　　定　价：18.00元

・如有印装质量问题,请与北京邮电大学出版社发行部联系・

前言 PREFACE

互联网的发展，拉近了彼此之间的距离，不仅给人们带来了沟通的便捷，同时，也给各类骗子提供了方便，如同打开了潘多拉盒子，各式各样的骗术纷纷出笼，令人防不胜防，行骗的手段更是到了登峰造极的地步，迷乱了人的双眼。

现如今，QQ里的朋友不那么可信了，婚恋网站上的男男女女动机不是那么单纯了，网络"钓鱼"一不留神就骗走了钱财，网络传销、网络非法集资手段层数不穷……面对一个个披着华丽外衣的骗局，你有没有拨云见日的本领呢？

本书是一本实用的防骗手册，主要从广大人民群众受骗经历出发，将门类繁多的案例进行系统的分析、整理、归纳、分类，以助正确分析问题、思维推理、判断真伪；掌握思维技巧和提高在各种环境下的心理素质；做到临危不乱、遇事不惊，在混乱的事态中，保持清醒的头脑，识破骗子的诡计，始终处于主动地位。

本书在编写和出版过程中，得到了领导、同事和出版社老师的大力关心、支持和指导，在此一并致以深深的谢意。

限于水平，书中错误、不足在所难免，敬请读者朋友批评指正。

编 者
2018年1月18日

目录 CONTENTS

第一章 防骗概述
诈骗案件的主要特点 /2
防骗总原则 /3
防骗必须克服的心理弱点 /4

第二章 电子商务诈骗
第三方支付 /7
电商托管 /11
团购陷阱 /16
网购秒杀 /19
众筹诈骗 /23
客服退款链接 /27
出售手机监听卡 /31
解除分期付款 /36
网络炒汇 /39
网络理财 /45

第三章 电信诈骗
身份证资料被冒用 /50
盗取银行卡密码 /54
一条中奖短信 /59
银行发来的温馨提示 /63
助考骗局 /66
伪基站群发短信 /71
假冒领导 /74
快递签收 /80
补办手机卡 /85

目录 CONTENTS

第四章　社交互联网诈骗

车票、机票退改签 /90

微信、QQ、微博换号 /95

微信、QQ、微博招兼职刷客 /99

微信点赞骗局 /103

微信摇一摇交友 /107

微信、微博爱心捐款 /112

直播间骗局 /116

微信微商诈骗 /120

网游交易诈骗 /125

陌陌诈骗 /130

婚恋网：骗钱骗感情 /135

参考文献 /140

第一章
防骗概述

诈骗是以非法占有为目的，用虚构事实或隐瞒真相的方法，骗取数额较大的公私财物的行为。尽管骗子形形色色，骗术多种多样，但在任何时候、任何场合，骗子都是以"善良、可爱、救世主"的面目出现的。他们通过捏造不存在的事实，或掩盖客观存在的某种事实真相，蒙蔽受害人，骗取其信任，使其产生错觉，"自愿地"交出钱财。这种财物的交付，可能是当场进行，也可能是事后进行，甚至二者相隔千万里，素未谋面。

诈骗案件的主要特点

第一，类型众多，手段繁杂，案件数量居高不下，个案损失较大。

第二，借助现代科技，电信、网络骗案件大幅度增长，犯罪成本降低，隐蔽性、欺骗性更强。

第三，犯罪活动向智能化、组织化、集团化方向发展。作案手段不断更新、升级，团伙内部分工明确，有很多形成了"一条龙"式的作案链条。

第一章 防骗概述

防骗总原则

居民在日常防骗中，要牢牢记住以下原则。

第一，家庭情况不外泄。秘密即财富。不向陌生人员泄露家庭成员的姓名、年龄、工作单位、就读学校、健康状况、社会关系、手机号码、账号、密码等信息，防止被骗子利用。

第二，飞来横财不动心。摒弃贪小便宜、不劳而获的思想杂念，在突如其来的物质诱惑面前，保持清醒的头脑和平常心态，防止钻入骗子设置的圈套。不要相信天上掉馅饼，须知天下没有免费的午餐。世上没有救世主，没有无缘无故的施舍。若有人企图坐享其成，最终往往偷鸡不成蚀把米。

第三，偶遇路人不轻信。无论虚拟世界，还是现实社会，萍水相逢，不知根底，心不可鉴。即使对方是你的亲姨亲舅，面对眉飞色舞、不太靠谱的非分诱惑，也要三思而行之。

第四，陌生来电不理睬。不要轻信来历不明的电话或手机短信。假如你没有洗钱，没有恶意欠费，没有违法犯罪，你就能镇静自若，身正不怕影子斜，何必害怕；假如你没有参与有奖活动，你当淡定待之，会心一笑，何必相信……"假如"的情况太多，总之，面对陌生来电与短信，唯一正确的方法是不理睬，不纠缠，不轻信。

第五，汇款操作不盲目。不向不能确认的人和账户汇款。想清楚盲目汇款的后果，汇款前多问几个为什么，多与家人或朋友商量，多作具体核实，疑惑之时亦可拨打"110"咨询。

防骗必须克服的心理弱点

防骗除了要守好财，更要守好"心"，即控制好自己的贪婪心、虚荣心、功利心等不良心态，不使其恶性膨胀，酿成恶果。可以说，防范诈骗的最佳办法不是技巧，而是心理。

从已发生的诈骗案件分析，骗子之所以得以成功，是因为被骗者普遍具有以下心理：

一、贪财心理

相信"天上掉馅饼"。在骗子所设的骗局中，明明摆着有很多蹊跷的事，只因贪财心切，便顾不上怀疑，反正"不要白不要"。骗子说什么，他们就信什么；骗子让干什么，他们就去干什么。

二、盲目从众心理

盲从别人。当见到"抢购""赌博赢钱"等场面时，便产生一种唯恐自己买不到、赢不到就会吃亏的心理，不知不觉地在"托儿"的引导下上钩碰运气，结果中计受骗。

三、要面子或害怕的心理

一是因为顾面子，害怕受批评、被笑话，虽被骗了，也不愿或不敢承认；二是不懂法律，禁不住骗子简单的甚至是荒唐的威吓，一听到"办案""洗钱""欺诈"等词汇，就六神无主，连忙投降交"钱"。骗子往往抓住具有这些心理的事主，肆无忌惮地行骗。

四、急于赚大钱的心理

某些骗子常常利用人们急于赚大钱的心理弱点，采用以假乱真、以次充好、低报商品价格、给回扣提成等伎俩，引诱事主上钩。

五、盲目怜悯他人的心理

一些骗子以心地善良的人为目标进行诈骗活动。须提醒大家的是，不能缺乏防骗意识，遇事要冷静分析，辨别真伪。对骗子要提高警惕，丝毫不能怜悯。

六、轻信他人的心理

遇上突如其来的不知底细的"能人""名人"时，缺少戒备之心，盲目相信和崇拜，导致上当受骗。

第二章
电子商务诈骗

第二章　电子商务诈骗

第三方支付

时代进步，生活方式逐渐发生着改变，这其中的影响因素，包括手机、包括网络、包括电子商务，甚至包括我们的支付手段。改变背后的无限商机用 E-mail 来进行网上支付；打个电话报上信用卡号就能预订机票；用手机上网交水费、电费、游戏费……在中国人还没有完全适应从纸制货币进化到"塑胶货币"（信用卡）的今天，网络银行、手机钱包等第三方支付工具已经悄然在改变着我们的生活。

第三方支付是指具备一定实力和信誉保障的独立机构，采用与各大银行签约的方式，提供与银行支付结算系统接口的交易支付平台的网络支付模式。在第三方支付模式，买方选购商品后，使用第三方平台提供的账户进行货款支付（支付给第三方），并由第三方通知卖家货款到账、要求发货；买方收到货物，检验货物，并且进行确认后，再通知第三方付款；第三方再将款项转至卖家账户。

通过第三方支付平台，人们可以更为简单便捷地通过电脑、手机进行银行转账、信用卡还款、充值购物、日常缴费甚至投资理财。目前，我国共有270家第三方支付机构获得央行颁发的支付牌照，第三方支付业务已延伸至存款、理财、信贷、国际结算等传统银行业务，成为我国网络金融的重要组成部分。像"支付宝""财付通""微信支付"等，是大家最常见的第三方支付工具。

但是，基于互联网新型支付技术的第三方支付，交易环节中暗藏风险，其中涉及大量资金的进出，第三方支付也成了一些不法分子盗窃、诈骗的新目标。用户在通过第三方支付购买商品时，有些无须事先开通网上银行功能，只需提供银行卡卡号、户名、手机号等信息，待验证后通过动态口令或第三方支付密码即可完成交易，这类新型支付模式在提升交易效率的同时，也放大了交易风险。有统计显示，超过六成的盗刷都通过第三方支付平台完成，而且盗刷手段也非常多，如设立伪基站进行电信诈骗，对电脑或者手机植入木马病毒盗取个人信息，通过钓鱼网站诱骗银行持卡人进行网上支付，或者补办手机号码截取验证码等。

案例 1　银行卡通过第三方支付平台盗刷

上海的吴女士在银行柜台办理取款业务时，突然发现卡内的47139元不翼而飞，便马上将余额取出，并立即前往派出所报案。随后，吴女士又仔细查看了银行卡的交易明细，被吓了一跳！她的卡居然在短短四天内从第三方支付平台盗刷了28笔。为讨回损失，吴女士同时与第三方支付平台和银行进行交涉。不久后，一笔17130元的款项退回了银行卡内，系第三方支付平台先行赔付的款项。但是，对于剩余的钱款，银行和第三方支付平台均未给吴女士明确的答复。为了尽快挽回损失，吴女士一纸诉状，将银行告上了法庭。

"我认为可能是银行将我的信息泄露出去的，我从未办理过网银功能，也从来没有使用过这些第三方支付平台"。吴女士表示。被告银行辩称，所有的交易是基于原告授权给第三方支付平台发送的短信验证码，通过验证码才能交易，被告的操作无过错。

案例 2　通过信用卡充值第三方支付进行套现

通过一款叫"缴费易"的自助支付端，可以把信用卡额度转化为支付宝余额，再经由提现模式成功转入另一张储蓄卡。这不是开玩笑。

一位消费者在实践后透露，通过缴费易的自助终端机，在终端机上用信用卡透支购买，买990块钱的话，需要手续费9.9元，插上信用卡，输入手机号，然后手机上就能收到充值码。登录支付宝网站，再用这个充值，信用卡的透支直接就充到支付宝里了。支付宝有提现功能，再通过这个提现功能，就可以直接转入到储蓄卡。

也就是说，这笔990元的套现操作，只用了不到10元的手续费就能完成，可以享受50多天的免息期。而在正常情况下，通过信用卡取现，银行会收取1%-3%的取现手续费，还要从取现次日起按照日息万分之五计收利息。

案例3　某企业第三方支付平台账户被盗89万元

南宁市某投资公司员工李某向警方报案称：该公司财务发现公司捆绑某第三方支付平台账户的手机突然信号出现异常，立即上网查询时发现账户内的89万元人民币被转到一银行账户中，后经向第三方支付平台公司核实，该公司的平台账户被他人盗窃并转走89万元。随后，该公司通过查询又发现案发当日上午9时40分，被盗款中有2万元被人在广东佛山的一台ATM机提走。网络存款被盗，嫌疑人盗取该公司在某第三方支付平台账户、密码的同时，克隆该账户捆绑手机号码获取验证码把存款转走。

案例4　卖游戏账号被骗 第三方支付需谨慎

王先生告诉记者，2015年6月底，他在游戏网站的交易平台上售卖自己的账号，"我的这个账号当时也是自己买来的，花了两千多元钱，然后玩了好几年，自己又投入了两千多元钱，升级了不少装备，以后不想玩了，便想把账号卖掉。"

挂出售卖信息不久，就有不少咨询的网友，"我挂出的价格是2800元，价格并不贵，当时有个头像是客服的联系我，我当时误以为是平台的客服，结果在他们的引导下,最终被骗走了一万多元钱。"

王先生表示,在游戏没有提供交易平台之前,他们交易游戏账号都是通过第三方平台,"游戏平台提供的交易,比较简单,直接兑换即可,第三方平台交易则相对复杂一些,一般都是第三方平台的客服联系游戏方,在经过我们交易双方同意之后,游戏方会把我账号里的所以东西转移到对方的账户,然后对方账户把钱转移到我的账户。"王先生介绍称。

正因为比较了解交易方式,结果反而上当受骗了,"当时客服说我账号里没钱,需要激活,随后我向里面充值了一千多,然而在交易中又需要激活,还需要充双倍的钱,当时我也有疑问,但是还是上当了。"王先生十分郁闷。

最终王先生发现自己银行账号先后总共支出了11000元钱,经过查询交易记录,他发现钱都转到了一个名为"讯付信息科技有限公司"的第三方平台,王先生随后上网查询了解到,网上有好多像他一样上当受骗,最终钱都到了这个第三方平台。

防 骗 指 南

1.不贪便宜。购买网络虚拟产品一定要到正规官网购买,遇到低价出售QQ币或游戏装备时一定要提高警惕,以免上当受骗。

2.不要告知别人手机验证码。在利用银行卡购买商品时,当点击确认支付链接后,手机会收到支付验证码,同时短信内容上有真实的交易价格,购买者需看清金额再支付。

3.仔细甄别,严加防范。虚假网站虽然做得惟妙惟肖,但若仔细分辨,还是会发现差别。要注意域名,虚假网页再逼真,与官网的域名也是有差别的,一旦发现域名多了"后缀"或篡改了"字母",就一定要提高警惕了。

第二章 电子商务诈骗

电商托管

电子商务托管是一种新的商业服务。电子商务本身是一个复杂的过程，需要技术和市场营销的双重支持，在网络日渐重要的当今社会，中小企业一方面迫切希望能通过网络开展电子商务，另一方面又受到经验少、专业人才缺乏和成本高企的限制。因此电子商务托管服务应运而生，企业以合同的方式委托专业电子商务服务商为企业提供部分或全部的信息技术、产品或服务功能，从企业在互联网上的"包装""宣传"和"销售"三个要点出发，提供以网站建设、网站推广和网上贸易为重点，相关服务为辅助的一系列服务。

案例1 女子花钱托管网店 早托管公司诈骗

在义乌苏溪办饰品厂的鄢女士，这几天很郁闷。

原以为花了6800元"托管"费后，她可以离开电脑屏幕，专心帮丈夫打理加工厂。

然而几天前，合作的这家电商服务公司却人去楼空了，老板的电话一直处在关机状态。

网店交给"专业公司"托管，半年后公司解散、老板关机

鄢女士是安徽人，她和丈夫一起在义乌打拼已经七八年了。4年前，掌握了一定技术之后，夫妻俩自立门户，办了饰品加工厂。

除了帮经营户代加工，前年8月，鄢女士还注册成立了电子商务公司，她在阿里巴巴管理网店负责接单，丈夫采购原材料再发到外地"来料加工"。

日子渐渐红火起来，可时间久了，鄢女士发现，因为自己缺乏专业知识，网上的批发生意遇到了瓶颈。

去年9月初，一家自称专门为经营户和加工厂提供诚信通"托管"服务的公司找上了门。

一名姓孟的业务员专门来到苏溪乡下的厂里，和鄢女士聊关于批发网店运营的事情。他说，很多这样的加工厂和市场经营户，都跟他们公司合作，效果很好。

小孟给鄢女士的感觉很有诚意。

"想对方是专业的，肯定比自己做得好。"鄢女士心动了，去年9月15日，她与义乌市杰诚信息技术有限公司签订合同，就选择了年费6800元的业务合作，主要内容含新产品拍摄，网站图片更新，关键词搜索排名阿里前三页等。

合作的第一个月，业务员很负责，隔几天就到厂里来拿样品，回公司拍摄、更新，这让鄢女士轻松不少，可以帮丈夫分担其他业务。可是，好景不长。第二个月，业务员来的次数就少了，到了第三个月几乎见不到人影，等鄢女士注意到时，已经临近春节了。

3月1日，夫妻俩从老家回来开工，可是托管给专业公司的网店却一点动静都没有，"这段时间是旺季，应该有单子的。"

几天后，鄢女士实在忍不住，给义乌市杰诚信息技术有限公司打了电话。接电话的客服说，所有员工都在杭州培训一个星期，公司现在没有人。可是，3月10日，鄢女士再次致电时，工作人员答复，公司已经解散了，联系不上老板。

鄢女士立刻与之前的业务员小孟联系，却发现小孟已经离职。

根据小孟给的电话，鄢女士试图联系老板赵先生，对方却一直关机。

托管公司人去楼空，至少有100家客户合作未到期

昨天下午，钱江晚报记者来到了江东街道南下朱C区40幢，二楼的办公室已经人去楼空。空荡荡的办公室门口，3块"金字招牌"特别显眼，只是

这些"企业信用等级AAA""诚信网商"等荣誉牌都是社会组织颁发的。

门上贴着一张手写的告示,大意是"公司已经跑路,如有损失请抓紧报案",落款写着"房东"。

随后,记者联系上了房东。他说,杰城公司是去年3月15日搬到这边来的,6万8租下二楼整整7间房,租期一年,"放着很多电脑,场面很大。"

房东说:"3月10日有租客来问,我才发现里面已经搬空了,连一声招呼也不打,还欠1万多电费没交呢。"

二楼公司突然人去楼空后,房东打老板赵先生多次电话,只接通过一次,对方说过几天会回来处理的,可是一直不见人影,后来索性电话都关机了。

之后,陆陆续续有"阿里托管"的客户过来找二楼的公司,房东索性贴了张纸条,"目前已经有10来个托管客户跟我联系过。"

记者又联系了之前的业务员小孟。他说,自己是2013年11月通过招聘进这家公司当销售、跑业务,"公司请的人比较多,每单提成在15%~20%,运营成本是比较高的。"

小孟说,他进公司时,有10多人,主要是向客户推销诚信通运营业务的,根据店铺装修、产品拍摄、上传发布等项目不同,年托管费用在3800~19800元不等。

"人员不太稳定,公司管理比较乱。"小孟说,今年1月份他就辞职了,直到春节后,他又接到了之前客户的电话,反映托管的店面没人在操作。

于是,小孟就联系老板,老板说在操作的,他就答复这段时间比较忙,让客户别急,"没想到几天后,老板关机了,公司也关门了。"

小孟手上签订合同没到期的客户就有40来个,主要以6800元的为主,"好几个是年前刚签的,店铺还没开始操作。"小孟估计,与公司办理"阿里托管"合作没有到期的客户,不少于100家,"以国际商贸城经营户居多,也有工厂的。"

小孟说,老板赵先生是江西人,3月10日之后再也没联系上他。

市场监管局提醒经营户跟踪察看服务

随后,钱江晚报记者找到了义乌市市场监督管理局,得知这家企业是2013年10月份注册登记的,目前并没有办理注销手续。

根据记者反映的情况,公司所在的辖区监管所工作人员表示,他们将会与公司法人赵先生取得联系,"这类属于合同纠纷,我们只能从中调解,调解不成建议鄢女士等人走司法途径。"

工作人员坦言,走正常程序,一家公司解散之前,要在媒体上登广告声明,相应的债务关系要进行清算,"老板是外地人,如果联系不上,建议向公安机关报案。"

案例2

吴小姐没想到,通过某大型房产经纪公司门店租的房子,在一年租期到了之后若想要续租,还要再缴纳一次中介费。

"租房签合同的时候,房产中介并没有跟我明确过。"吴小姐说。

吴小姐通过拨打房产中介的客服电话咨询后了解到,她租的房子属于托管房,房租收取方式就是如此。

吴小姐继续说,在租房时她还有一个疑问,就是当时签合同的时候实际上签了两份合同,一份是经纪机构代理成交版,一份是经纪机构居间成交版,且合同上还出现了一个她从未听过的机构——某爱家营企业管理有限公司(以下简称爱家营)。

"当时也没想那么多就签了。"吴昕说。

吴昕向记者提供经纪机构代理成交版合同显示,该合同签署人只有两方,甲方为房主,房主的代理机构并非该房产经纪公司,而是爱家营,合同上盖的章也是爱家营的公司章,乙方为吴昕;在那份经纪机构居间成交版合同上,甲乙双方未变,增加的丙方为该房产经纪公司,该房产经纪公司的身份是居间人。

"签合同时,房产经纪公司的经纪人并未解释为何要签两份合同,也未解释为何第一份合同的代理人为爱家营。"吴昕说。

法治周末在采访中了解到,有租房者称甚至都没注意到,合同上有爱家营的身影。

该房产经纪公司客服人员告诉法治周末记者,爱家营为该房产经纪公司的子公司,主要负责公司旗下的托管房业务,而且该公司的托管房业务都是要签两份合同。

为何托管房的佣金需要一收再收?为何通过该房产经纪公司门店租的托管房需要签两份合同?

团购陷阱

由于经济的发展社会的进步，人们购买物品也拥有了更多的选择方式。由单一的凭证供给制度转变成为商品自由交易，因为可选择机会多了，相对来说买卖所产生的弊病也随之增加。以前我们买电视购物就挨宰，现在换成被团购宰了……

团购，就是大家通过网站联合成一个大客户，企图和商家讨价还价，从而奢望能拿到一个最优惠的价格，这个以利益为先导的做法本来是会降低挨宰风险的，但是，问题就出在"网络"二字上。

团购网站的陷阱主要方式有：

1."克隆网站"陷阱。有的网站采用与知名网站类似的名称、界面，以蒙蔽网民。

2."商品信息误导"陷阱。在网站上团购的照片与实际不一致。

3."服务"陷阱。提供团购服务的商家对"团购"客户另眼看待。

4.带"附加条件"。部分团购信息看似极为优惠，但加上了"附加条件"，实际带来的优惠明显减弱。

5."团购量"陷阱。利用虚假的团购人数造成热抢的假象。

第二章 电子商务诈骗

案例1

2015年10月5日,身在外地的陈先生在汽车网络论坛上看到超低价一起团购汽车的帖子,一辆国产小轿车通过团购,可以便宜将近5万元,于是陈先生打电话询问帖子上留下的联系方式,对方告诉他到北京市海淀区某汽车团购店就可以买到车。陈先生赶到北京的汽车店后,签订合同并交了2.5万元的定金。

事后发现自己参加团购买车,不但没便宜反倒被敲诈了2.5万元。

案例2

家住温哥华城的闫馨在自己微信上刷屏时,一名微信好友向她打招呼,并对她说发现了一个很不错的团购网站,东西都是正品而且价格也很合适,想邀请闫馨一起团购,之后那个微信好友还发了个链接。刚开始闫馨半信半疑,可后来又有几个微信好友发来同样的链接,而且还有人发来了音频,都说这个网站很不错。

"我就觉得快过年了嘛,团购一点东西既便宜又实惠,再说当时我看了网站上显示那么多人参加了团购,心想应该不会有什么问题,于是我就和他们一起团购了200块钱的干果类食品。可是等过了一个小时后我想进网站再看信息时就进不去了。哎,也不知道自己的网银信息有没有被窃取,这不一大早我就把网银卡里的钱都转了出来。"2016年2月11日上午闫馨悻悻地说。

案例3

两块钱买250克进口车厘子究竟真还是假?

事情是这样的,2015年大概11、12月份,不少市民的朋友圈都给一则拼水果的邀请刷屏了,上面说:只要满40人,2块钱就可以团购到250克的车厘子或两盒蓝莓。

如此地板价自然吸引了不少市民一拥而上。该微信阅读量瞬间突破了 10 万+，王先生是其中一名粉丝，他赶紧招呼亲朋好友来凑单，该团很快就满 40 人，没想到通过网银付款后，却一直没有收到货。一周后，王先生收到一条客服自动回复的信息，称拼团未成功会退款。等了半个月，钱才最终退回来。

跟王先生一样，很多网友呼朋唤友填了个人资料后，却很快被告知拼团失败。

案例 4

2015 年 10 月 13 日，甘某通过电话联系小朱，约定以 260 元每张的价格销售 1 张某知名综艺节目的门票给甘某。但当甘某按约定将 260 元转账给小朱后，小朱并未将门票邮寄给甘某。过了几天之后的 10 月 17 日，小叶得知小朱有该综艺节目门票出售的信息后，决定购买 28 张。双方在大学门口见面，小叶将 4750 元交付给小朱——其中 2750 元是 11 张门票钱，2000 元为剩下的 17 张门票的定金。小朱拿钱后将 11 张门票给了小叶，但经鉴别这些门票均为假票。

团购相关诈骗或诱导消费的花样虽然不断变化，但大都离不了"低价和优惠"的路子，警方提示：

1. 看团购网是否公司化运营，网站版权页面有无运营企业名称及地址、电话、负责人等信息。优先选择专业团队运营的、规模较大、口碑较好的团购网站。

2. 不要被价格和折扣迷惑，团购前要看清网站对商品的细节描述、消费规则，多与网站客服联系，咨询清楚后再下单，且要注意保存相关消费凭证。

3. 注意团购网站及相关商家的知名度、口碑和服务能力。

4. 团购网站需要人气来烘托，消费者要明辨其中的虚假和交易数据。不要盲目跟风下单，要根据自己的需要购买。

5. 数额巨大的团购一定要谨慎。一定使用第三方支付担保交易的方式，或要求货到付款；不能随便将巨款通过网银预付给对方。

第二章 电子商务诈骗

网购秒杀

在网上购物，商家为了吸引顾客前来购买，纷纷使出不同的促销手段，秒杀便是其中的一种。就是以超低价限量购买促销商品，一般顾客会在同一时间去抢购该物。

越来越多的网店推出"秒杀"活动来增加人气，"秒杀"原来是电脑游
戏中的名词，现已延伸到网络购物，成为网络购物者中最流行的一种购物方式，而在网购"秒杀"过程中，有的"秒杀"商品货不对板，有的在低价"秒杀"某个商品后却需要付超过一般运费的费用，有的"秒杀"商品还不实行三包……网购"秒杀"也有陷阱。

网购"秒杀"指网络卖家发布一些超低价格的商品，有的仅为"1元""10元"，让所有买家在同一时间通过网络进行抢购的一种促销方式，由于商品看起来性价比高，往往活动一开始就被抢购一空，所需时间甚至以秒计算，在网络上"秒杀"到自己心仪的商品是时下网购者热衷的一种购物形式。但是有很多"秒杀"都名不副实。

案例1

"秒"到了99元的钻石戒指，正当网友高兴不已的时候，客服人员却通知她，赶快补足尾款，在客服人员的引导下，她在网页的一个不起眼角落处看到了"秒杀必读"的链接，原来此次秒杀的商品只是钻戒上的钻石，戒托不在秒杀范围之内，需要额外付费1299元购买。

让买家们"二次消费"也是一些秒杀店的惯用招数，因为要打动买家的心，秒杀商品自然得超低价，这时为了不亏本，有的卖家就在附加条件上做手脚，一位被二次消费的买家张小姐介绍，上次她"秒"到了一条长裙，20元，但卖家要她再加30元，因为衣服上的一条腰链是需要购买的，最后她只好多掏了30元。

案例2

因为经常购物，有许多相熟的网店，这些网店在做"秒杀"活动时常常事先通知她，而她将自己看中的商品记住，并列出不同网店"秒杀"的时间安排。比如某个网店"秒杀"的时间是晚上8:00，在晚上7:50她会守在电脑旁，等待秒杀活动的开始，活动开始后赶快按下按钮，争着下单。可在几次"秒杀"促销中，孙女士发现有一次自己上了当。当天，她参加一个"一元秒杀T恤"的活动，好不容易拍到了价格超便宜的T恤，却被商家告知，运费需要30元。一般商品的快递费为10元左右，一件T恤30元的运费价格实在有点高。加上运费，这件"秒杀"来的T恤已经毫无低价优势。

案例3

网民孙某看到"淘宝网"举行名为"全民疯抢"的让利促销活动，于是孙某从网上下载了一款"秒杀器"软件，并成功拍下了三件商品，随后支付了2500元网购款。结果等了三天，都没等到卖家发货，询问卖家却说孙某拍下了商品，但一直没有付款，孙某随后查询银行卡信息，发现贷款已经支付，但却汇入了另外一个未知账号。原来，孙某所下载的"秒杀器"被不法分子绑定了"支付宝劫持木马"，"秒杀器"虽然帮其成功抢购到了商品，却在付款时篡改了付款页面，盗走了孙某的网购款。

案例 4

市民孙小姐不久前,看到网上有一家网店的皮包搞活动,说是限量进行,平常要卖58元,她当天晚上10点多就提前坐在电脑前,先确认了一下支付宝账户里的金额,试试电脑的网速,最终在11点时她成功抢到了秒杀价为38元的包包。几天后,孙小姐看到这个店又搬出该款包搞促销,售价仍是38元。她搜了该包的成交记录这才发现,原来几个月来都是卖38元。58元的"原价"就是卖家虚构的,孙小姐在其他网店里也看到了这款包,正常售价就是38元。

1. 虚拟网店尽量"实体化"。

网络购物最大的问题就在于是虚拟购物,一切交易都在网上进行,那么就要尽量让网店"实体化"。所谓"实体化"就是让消费者购物的网店看起来"靠谱"。比如注意识别正规购物网站:正规购物网站在网页下方都有工信部ICP/IP地址信息系统备案的字样,并有工商部门颁发的"红盾"标志,有的大型网站还有网络警察;正规购物网站一般都有"网上支付"等支付工具和"货到付款"等配送服务。

2. 对于淘宝上的网店,消费者也要选择信誉好、实力强、售后服务有保障的商家。要查证商家名称、地址以及所销售商品的真实性,多看看买家评论。如所购商品在当地商店有售,可先对其质量和效果进行了解,再对照在网上购买。

3. 支付方式选择"货到付款"。

货款支付最好选择"货到付款"方式。如需先付订金或全款,则采用第三方支付平台(如支付宝客服)。如商家要求通过银行或邮寄直接到账,请勿购买。

4.保留好交易记录及各类凭证。

消费者在网络购物中一定要保留好交易的所有相关信息,如要求商家提供购物发票、商品合格证以及"三包"凭证,包括商家提供的原始清单、电子邮件或聊天记录、商品包装等。这样在遇到消费纠纷时,才能有据可查。

5.所购商品寄到后,要亲自先验货合格后再签收。

6.遇到"秒杀"不要激动,要消费理性。

第二章 电子商务诈骗

众筹诈骗

众筹即大众筹资或群众筹资,由发起人、跟投人、平台构成。具有低门槛、多样性、依靠大众力量、注重创意的特征,是指一种向群众募资,以支持发起的个人或组织的行为。一般而言是透过网络上的平台连接起赞助者与提案者。群众募资被用来支持各种活动,包含灾害重建、民间集资、竞选活动、创业募资、艺术创作、自由软件、设计发明、科学研究以及公共专案等。

众筹不是非法集资,但是有很多不法分子利用众筹平台进行诈骗活动。

 案例1 学生入股餐厅被骗

2016年3月,北京十余所高校学生众筹200万元开办餐厅"后会友期",一时间成为新闻事件,然而还不到一年,"后会友期"位于六道口的店面已关门,另筹集200多万元的另一家店也没开起来,股东们质疑项目负责人财务造假,目前警方已介入调查。

2016年3月,学院路上的"高校圈"被一件事"刷屏",那就是由北京十余所高校的若干同学共同发起,"众筹"200万元巨资开设的餐厅"后会友期"。高校大学生少则几千、多则上万,转身成为股东。

然而不到一年时间,"后会友期"被曝关门。据股东之一的小段介绍,他为项目投了一万元,周围的朋友、同学加一块也投了几十万元。餐厅第一家店位于六道口,去年3月开业。根据协议,到去年11月份,在满足条件的情况下,股东可合理退出。小段向后会友期负责人提出退股,但却遭到推诿。

就在今年2月初,小段的朋友到后会友期餐厅吃饭时,发现餐厅已经关门,而且早就交给了第三方运营。此时股东们才知道,餐厅已亏损上百万元。小段称,实际上,第二家餐厅魏公村店也已经众筹了200多万元,但第二家店也没开成,钱也去向不明。

小段及数十位股东要求负责人公开财务报表,一致认为短短几个月,餐厅不至于这样亏损,之前半年还是有盈利的,去年9月份每个股东还发了300块钱的分红。然而负责人仍旧推诿,不给明确答复。

案例2　众筹建网购平台男子入股被骗1.5万

2015年3月,在长沙做生意的杨罕以1.5亿入股参与了邻居的众筹创业项目,即投资创立了一个叫"聚米微品"的网购平台。二者还于4月9日签订了合作协议,约定了每月分红的比例、最低年回报。但是大半年过去了,杨罕却没拿到过任何回报,而邻居却失联了。

据中申网了解,杨罕邻居创立的公司名叫米拉网络科技有限公司,并夸言说现在网购很流行,潜力大,回报率高。这个平台正处在发展阶段,以后将众筹300万,推平台上市。出于对邻居的信任,杨罕投资了1.5万元,却没想到都打了水漂。

第二章 电子商务诈骗

 案例3　游戏众筹最大骗局：《星际公民》或卷钱跑路

当时轰动一时的游戏众筹项目《星际公民》在10月份的时候被卷入了卷钱跑路的传言中。起因是最近一段时间的开发工作问题不断，核心人员离职，项目进展缓慢。而成果却寥寥无几。

据中申网了解，最初2012年的时候《星际公民》就在Kickstarter上狂卷420万美元，后来更是在自己的网站继续筹集到8900万美元。而有消息称他们已经花掉了8200美元，但是交出的成果却让人大失所望。这不得不让人联想到这个游戏众筹的本质是否已经变味。《星际公民》的发售日期无法确认，但仍不断有投资者投钱进去。如果制作组真的把9000万美元花掉8200万没有的话，那的确是挺让人怀疑是不是集资诈骗了。

 案例4　一个涉嫌违法众筹募资的淘宝店被证监会叫停

2015年5月，一个涉嫌非法集资的淘宝店被证监会叫停。该淘宝店于2012年10月由朱某开设。朱某先后两次利用出售公司"原始股"进行募资。

据中申网了解，朱某第一次推出的产品为某某传媒会员卡，叫价100元一张。会员卡除了有订阅电子杂志等功能外，还配送该公司的原始股份100股。后来，朱某对公司未来1年的初创规模和收入预期做了判断，估算公司将有2千万元市值，按每股1元的面值，她拿出2%的股份，即40万股票面向社会发行。共认购了45万股。随后朱某启动了第二轮网上募集，第二次招募说明书内容显示，所有在淘宝网上购买某某传媒的原始股都属于公众股，只有大额认购的股东才可以成为注册股东，并溢价20%以每股1.2元价格销售。公司两次合计共募集450万元。

但是好景不长，这种网上擅自发行股票的行为，被证监会叫停。证监会认为,朱某的行为涉嫌利用互联网以众筹的方式,向不特定网友非法出售所谓的原始股,违反证券法的规定,涉嫌非法集资。

首先,投资人在参与众筹项目时,务必对项目进行认真的考察和分析,防止上当受骗。

其次,发起众筹的创业者们,一定要选择适合自己项目的众筹模式和结构,预估项目的风险以及自己的承受能力,切勿盲目创业众筹,害人害己。

最后,众筹平台网站应该严格把关,更加谨慎的审核其团队和产品,让那些投机分子无空可钻,确保投资人的资金安全。

客服退款链接

随着网络购物的日益普及，冒充电商平台客服人员进行诈骗的犯罪也随之出现。很多不法分子冒充电商平台客服人员致电买家以退款为由提供虚假链接或网站进行诈骗。

此类骗术的步骤：

1. 骗子冒充卖家，以系统升级导致卡单为由，发短信称要退款给买家，让买家联系短信中的"客服"电话。

2. 买家致电后，骗子以退款至买家的银行卡上为由，要求通过QQ给买家发退款的链接，此链接多为"钓鱼链接"。

3. 买家登录"钓鱼链接"后，未看清楚内容就填写了姓名、银行卡号、身份证号、网银登录密码和手机验证。骗子用这些信息盗走买家的银行卡资金。

案例1

今年30岁的杜女士是个网购达人，平时家里日常所需用品大部分是在网上购买。3月15日，杜女士和往常一样在网上商城选购了几样商品，此后两天除了选购的几本书外，其他商品都收按时到货了。3月17日下午，杜女士接到了一自称该网上商城"客服"的电话，电话里"客服"称由于杜女士网购的书没货，所以需要将书款退回，同时已经把退款需要的程序链接发至杜女士的邮箱，要求杜女士只需进入邮箱，点击链接根据程序提示进行操作就行。

随后，杜女士根据"客服"的要求进入邮箱点击了一个网址链接，并根据提示绑定了自己的一张银行卡。"当时我操作完后，突然感觉好像不对，怀疑自己上当受骗了。"杜女士称，因为自己之前网购，退款都是直接退到银行卡里，客服是不会打电话的，或者点击网址链接绑定银行卡这么复杂。杜女士随即赶紧拨通了该网购商城的客服电话，而经过查询自己所购买的书并没出现问题。"这是我已经明白自己是上当受骗了，就赶紧拨电话准备挂失银行卡，但这时骗子的电话不停地拨进来，等我电话停下来时，手机短信提醒卡里的5万元钱，在不到5分钟时间里已经被分6次转走了，当时我就赶紧跑到铜川公安局新区分局报警求助。"杜女士说。

 案例2

小玲告诉民警，案发当天，她接到一个电话，对方自称是某网店客服，说她曾在店内买过一双鞋，但由于购物平台系统错误，交易未能成功，需要办理退款手续。之后，对方又让小玲添加售后客服人员的QQ号码，联系退款。小玲仔细一想，自己的确在淘宝上购买了一双30多元的板鞋，一直没有收到货。因此，她对"客服"的真伪没有一丝怀疑，立即加了对方提供的QQ号。

小玲发现，这个QQ昵称为"客服168"的人非常热情。一阵寒暄后，"客服168"就给小玲发来一个链接，要求她将链接点开，然后按照提示一步一步将各项信息填好，包括姓名、身份证号、手机号、银行卡号，甚至还有银行卡密码。按照对方的要求，小玲很快填好信息。随后，她的手机上收到一个验证码，"客服168"就告诉她，这是她银行卡接收退款的验证码，小玲便把验证码告诉了对方。几分钟后，小玲查询银行卡余额，银行卡上不仅没多出钱来，卡内存着的9300元反而被"洗劫一空"。小玲立即打开购物网站，与在线客服联系后，对方表示根本没有和她联系过。直到此时她才意识到自己被骗了。

第二章 电子商务诈骗

案例3

潘女士说，9月6日，她在天猫商城的一家网店拍了一个电视柜和一个茶几，总价2200.8元，她当即付款，等待卖家发货。

第二天，她收到一条以"1065"开头的号码发来的短信。"短信中说，我的订单失效，需要与客服联系，办理退款。"潘女士说，她回拨短信中提供的以"400"开头的"客服"电话。

"接电话的是个带南方口音的男子。"潘女士说，对方称，因系统升级导致订单失效，得先退款。如果需要，潘女士可在系统升级后，重新拍下商品。

对方要潘女士提供银行卡账号，用于"退款"。"我让他把钱打在我的支付宝里，但他不同意，说这样退不了。"潘女士觉得事有蹊跷，在沟通过程中，对方态度恶劣，相当"霸道"。她要来对方的工号"0015"，拨打了天猫商城的客服电话，一方面核实此事，一方面想投诉该客服。

天猫商城的客服人员告诉潘女士，不但没有工号为"0015"的客服人员，而且她的订单一切正常。"骗子当时准确、详细地说出了我所购买商品的信息，包括种类、价格，我一度相信了。"潘女士说。

案例4

陈女士接到一个陌生电话。对方自称是淘宝客服，对她新近购买的衣物订单进行回访。"客服"告诉陈女士，她近期购买的裤子甲醛超标需要召回销毁，公司全额退款。

陈女士还没反应过来，对方提出添加她为QQ好友，以方便退款。感觉自己买的裤子的确有些气味，陈女士半信半疑地加入QQ聊天。对方在QQ上将她的个人信息和收货地址发了过来，让她确认。看到自己的信息丝毫不差，陈女士顿时深信不疑。

当晚，"淘宝客服"给陈女士发来一个链接，要求她点开填写退款信息。

陈女士点开链接后，马上弹出一个"淘宝网页"，上面提示要重新填写相关个人信息，包括银行卡信息。

陈女士不假思索地将自己的个人信息及银行卡号填写完毕。过了一会儿，她手机短信上收到一个验证码。对方要求她将收到的验证码输到验证码框里面，她按要求一共输了3次。

过了一会儿，陈女士手机里就不断地收到来自某基金公司的短信提醒，提醒她"完成了基金公司的理财充值"。就在陈女士纳闷之时，其银行卡里的6.9万元被分16次全部提取，卡内显示余额为零。

这下陈女士傻眼了，如五雷轰顶的她连忙来到茅店派出所报案。

1. 淘宝购物基本没有卡单、订单有问题、付款未成功等情况。遇到此类情况，可登录"旺旺"与购买的商家沟通确认。

2. 在网购中，不要转移至其他的聊天工具沟通，例如QQ、YY。

3. 学会正确识别淘宝网、天猫、支付宝的网址，仔细查看浏览器中的域名第一个单斜杠前是不是 taobao.com、tmall.com、alipay.com 结尾。

4. 淘宝、支付宝客服不会向会员索要银行卡卡号、身份证号、手机验证码等个人信息，同时非第一次注册淘宝网、支付宝均不需要提供此类个人隐私信息。

第二章　电子商务诈骗

出售手机监听卡

有一种卡，无论相距多远，都能让你清晰地知道别人在谈些什么、做些什么、在什么位置。或许，你认为这仅是一个玩笑。但现在，确有一款"功能强大"的手机卡在网络上"横空出世"，功能强大得足以让你瞠目结舌——对方通话时，可以清楚地听到对方的谈话内容；卫星导航系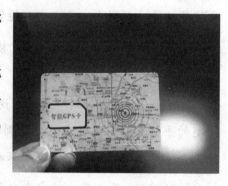统，可以显示对方所在地，误差能够精确到5米以内；全国范围，不限距离，不限场地，对方手机每次使用QQ收发信息都会自动转发一份到指定手机上；免费拨打各地电话……

一张小小卡片，监听、定位诸项功能无一不全。真有这样的技术吗？

其实，无论监听卡是否存在，出售它的公司或个人都已构成违法。如果有公司或者个人真的能监听别人电话，就涉嫌为他人提供违法犯罪工具或侵犯他人隐私；如果不能监听别人的电话，就会构成诈骗。另外，市民付钱购买这种监听卡并监听他人电话的行为，造成严重后果的同样会构成刑事犯罪。

案例1

2016年9月，小赵孤身一人从云南来到台州打工。打工中，她认识了一位男性朋友，两人很是要好。一天，该朋友提出借钱，小赵毫不犹豫地把自己从老家带来的两万元钱都借给了他。之后，朋友就像突然人间蒸发了，任凭小赵怎么打电话、发短信都不回。

为了这事，小赵每天愁苦不堪。2016年10月28日14时许，小赵的手机收到了一条短信，"想知晓他的电话、短信说了什么吗？联系手机：158******"看完短信后，小赵拨打了预留电话联系。接电话的是位男子，对方说他们公司可以制作一种复制卡，可以实现电话、短信、微信监控以及定位等功能，复制卡一天之内就能做好。

小赵一听很心动，便问对方价格。对方开价1000多元钱，后经讨价还价，对方答应以600元钱的价格出售。

过了一天，小赵接到对方来电说复制卡已经做好，可以先测试。不一会儿，小赵的手机真的来电显示她要复制的那个号码，于是，她信以为真。对方还提出会送货上门，小赵把云南老家的地址告诉了对方。

2016年11月1日，对方来电说卡已送到，要小赵先付清货款才给货。小赵不答应，对方威胁说买卖复制卡是违法的，若不付钱，就告发她。当天下午，小赵将600元钱汇到对方指定的账户内。后来，对方还表示必须购买他们公司的定制手机，才能使用复制卡，一部定制手机要9500元钱。

2016年11月3日，小赵继续给对方汇款9500元钱。在小赵汇款之后，对方就关机了。这下，小赵才明白自己遭遇了骗子，小赵向公安局报了案。

案例2

黄石男子张某想了解老婆的通话情况，根据街头广告联系上了出售监听卡的公司。按照对方的要求将订金和制卡费用转入对方账户后，不仅卡没拿到，反而受到威胁。

张某今年52岁，家住黄石西塞山区。因为工作原因，张某经常外出，老婆一个人在家他很不放心。每次回家看到他老婆在打电话或者发短信时,他总是很不安。

5月初,张某在陈家湾附近逛街时,无意间看到墙上贴有一个手机监听卡的广告。想着有了监听卡就可以时刻了解老婆的通话动态,张某就照着广告上的号码打了过去。

对方号码的归属地显示是武汉的,接电话的是一名男子,说普通话。男子称制卡先要交100元的订金,张某于是将100元打入对方账户,并把老婆的手机号码发给了对方。对方称一年的监听费用是500元,张某又给对方汇入500元。

汇完钱后,5月8日,张某迟迟没有收到对方寄来的监听卡,便打电话询问原因。对方告知还要一系列费用,张某便要求对方退款,监听卡不办了。谁知对方玩起了威胁,声称知道张某妻子的号码,如果张某不另外再转4000元的话,就告知他老婆监听电话的事。张某害怕妻子知道事情后难以收场,便将4000元汇入了对方账户。

4600元打了水漂,张某越想越不甘心,于是向黄石市公安局西塞山分局陈家湾派出所报警。"钱可能要不回来了,但想借此提醒他人,不要上当。"张某说。

事实上,每个用户的手机卡都有一套加密系统,一般人是无法进入系统对其进行破解的,所以对手机SIM卡进行远程无卡复制也是不大可能的。

案例3

两个月前,张洋女士的手机上不时收到有关窃听卡的短信息,陌生号码显示归属地有湖南、广东的,还有几个号码归属地未知。起初,张洋女士对此类信息并未在意,随着她和男友争吵次数越来越频繁,张洋女士开始怀疑男友可能在她出差的时间里又和另一位女士在一起。强烈的偷窥欲,让张洋女士有了购买手机窃听卡的欲望。"通过对兜售窃听卡信息的比较,我拨通

反电信互联网诈骗攻略

了一个湖南邵阳的联系电话,是一位带着南方口音的女性接的,她介绍说,购买她们的窃听卡后,只需将卡插入手机里,输入拟监听对象的手机号码,不到10分钟就可以把对方的密码和PIN码破译出来,只要被监听方一通话,就可以清晰地听到所谈内容,还可以进行短信拦截、GPRS定位等。"张洋女士说。

一番讨价还价后,张洋女士最后以1500元成交。张洋女士按要求提供了要监听的电话号码,并交了一部分订金,两天后,对方表示已发货,让张洋女士把剩余款项打到指定账户,才能收到窃听卡的使用密码,但当张洋女士拿到卡,打完钱,输入手机短信中的密码后,窃听卡仍然不能使用,等再拨先前的联系电话,已无法接通,张洋女士才发觉上了当。

案例4

几天前,七台河市的王某在上网过程中,发现某网站出售GPS卫星定位监听手机卡。他认为很好玩也很先进,遂拨通了该网站上的订购热线电话。王某告诉记者,当时接听电话的女子自称李某,在其热情推销下,王某同意购买一张GPS卫星定位监听手机卡。李某还承诺"接到卡后再付款"。两天后王某接到用特快专递邮寄来的一张手机卡,于是他给李某打电话,对方告诉他汇款1000元后会发给他一个密码才能启用。李某随即用手机给王某发来一个建行的卡号,王某也按照要求汇出人民币1000元。

李某接到汇款后很快用手机给王某发来一个密码。王某试用后,手机显示网络没有开通还需要PIN码。于是他又给李某打电话询问,对方告其再汇1200元才能获得PIN激活码。王某只好按照原账号又给李某汇去1200元。李某接到汇款后给王某发来一个信息告诉其该卡的PIN码。可王某试用后仍然不能用,再打电话,李某的电话一直处于无人接听状态,王某这才知道是上当受骗了。

第二章 电子商务诈骗

此类诈骗手段只是犯罪手段的简单翻新，但也存在着一些区别于其他电话诈骗案件的特点：一是抓住人们企图了解被监听对象隐私活动的心理，发送手机短信"招揽生意"，骗取钱财；二是继续打着"高科技"的幌子，提高可信度；三是以克隆SIM卡收取小额费用为诱饵，继而以各种借口骗取大额钱款，步步为营、实施诈骗；四是实施此类犯罪的多是南方人，特别是广东等地居多。

因此，在使用手机时，安装手机防护软件；不随意打开来源不明的彩信；不使用蓝牙的时候要保持关闭状态，防止被侵入；检查话费清单是否正常。如发现异常，重装系统或换卡。要保护好自己的手机，特别是在维修或外借的时候，避免自己不在场的情况下，被别人安装上这类监听软件。加强自身防骗意识，不要被所谓的高科技"忽悠"。

解除分期付款

此类诈骗是犯罪分子通过专门渠道购买购物网站的买家信息,再冒充购物网站的工作人员,声称"由于银行系统错误原因,买家一次性付款变成了分期付款,每个月都得支付相同费用",之后再冒充银行工作人员诱骗受害人到ATM机前办理解除分期付款手续,实则实施资金转账。

案例 1

2015年9月,韦某通过同事张某联系到邱某,请邱某帮其购买一辆宝马520i轿车。邱某以韦某信用不好需要手续费办理分期购车信用卡的名义骗取韦某1.2万元。10月,邱某又以支付定金的名义收取韦某1.5万元。11月3日,邱某到汽车销售服务有限公司支付了宝马520i轿车的首付款等费用,将轿车提走,并将相关车辆首付款票据及发票拍照给韦某后,于当日将该轿车以34万元的价格擅自出售给某二手车车行。后邱某又以支付尾款的名义收取韦某25万元。期间,韦某多次催促邱某交付车辆,邱某一直以各种理由推脱。12月6日,韦某与邱某约定,韦某将车辆首付款及购置税支付给邱某后,邱某将车交给韦某。12月21日,韦某先通过妻子全某转账给邱某1万元,邱某于当日委托朋友李某将宝马520i轿车从二手车车行买回。12月23日,韦某委托朋友闭某来到该二手车车行,按照邱某的要求,在该车行刷卡支付了16万元。后邱某仍以各种理由未将车交给韦某,由于邱某没有将买回宝马520i轿车的钱给李某,李某于2016年2月1日将车转卖给他人。邱某总共从韦某处骗取共计人民币44.7万元,用于偿还个人债务。同年9月,邱某又以同样的方式骗取了被害人闭某共计人民币20.8万元。邱某两次共计骗取二被害人人民币65.5万元。

案例2

　　杨同学在某QQ讨论群里看到一则兼职信息,称为公司办成一笔业务,可获得300元以上的报酬。他与对方联系后,自称周某的中年男子将他带到一家快餐店,让他填写了一个表格,包括姓名、住址、电话、学生证、身份证等真实信息。随后周某将杨同学带到了某手机店。在店里,杨同学出示了学生证、身份证、银行卡,然后填写了"XX公司"的分期贷款申请表。杨同学提出疑问,周某称这是公司内部流程,过段时间通过后台即可消除记录,于是杨同学就签了名。随后,周某交了2000元首付,买了一部苹果6plus手机,并给了杨同学300元报酬。一天后,周某故伎重演,杨同学虽心生疑虑,但还是又填写了一张分期贷款申请表并签名,周某购买了一台电脑,这次杨同学得到了500元的报酬。之后,周某还游说杨同学介绍其他同学来兼职,遭拒后,周某就失去联系。一个月后,杨同学先后接到两家贷款公司的催款电话:一家每月577元,要还12个月;另一家每月200多元,要还18个月。此时他才如梦方醒,得知被骗。但周某已经不知所踪,杨同学不得不继续偿还贷款合同中的款项。

1.不轻信自称"卖家"的人打来的电话。

当接到此类电话时,不管对方说了什么,都不要马上轻易相信,先听对方讲什么,放下电话后立刻去询问网站客服或者拨打网站管理员电话咨询。

2.解除分期付款时应及时咨询银行工作人员。

当走到ATM机前解除办理分期付款手续前,应该询问柜台银行工作人员是否靠谱,在自己不能理性判断的时候,要及时咨询他人。

3.加强自我防范意识。

自我防范是不被骗的关键,只要加强了自身的防范意识才能百毒不侵。

网络炒汇

网络炒汇,一般由境外投资公司提供网络交易平台,经境内投资咨询公司或个人,网罗境内居民从事外汇保证金交易,包括外汇期货交易和外汇按金交易,实践中以外汇按金交易居多。外汇按金交易时交易者只付出1%～10%甚  至更低比例的按金,即可进行100%额度的交易,通过交易平台将保证金放大几十倍甚至百倍进行外汇双向买卖。可是,在这股热潮中,不少虚假交易平台却应运而生,它们往往号称公司是有着海外雄厚实力的投资公司,而且还会在"高大上"的大厦中租用写字楼。可是,一旦投资者将钱转入这些平台的账户后,最终的结果却是人去楼空。

 案例1

事情缘起于2014年7月。

当时,一个女网友竭力向他推荐一间名叫"银盈实业"的外汇投资公司,说使用这家公司的平台炒外汇,十分方便,而且炒外汇每天都可以操作,不像股市还有休市的时候。

高先生听了介绍,还真动了心。于是,女网友就不失时机地将一个经纪人李某的电话给了他。

与李某联系后，高先生就被带到了银盈实业的公司本部。位于万菱汇国际中心41楼的办公室宽敞大气，而且进进出出的工作人员很多，这一切都让高先生感觉这是一间有实力的公司。

"对方介绍说自己是一间名叫MON的海外外汇经纪商的中国代理，MON总部设在欧盟，在全球范围内进行商业运营。"

没有什么怀疑，高先生就在李某的指引下，与银盈实业签订了合同、开设了账户，并且还马上转账了5万元人民币。

"现在想起来还是有问题的，因为他们说钱要转到海外总公司的监管账户上，可我是晚上6时转账的，到了7时多，就可以登录我的账号，看到余额了。转账到海外，哪有那么快的速度。"高先生现在虽然懊恼，可当时他却觉得是银盈实业用公司的钱，先为他建了仓，等到钱款到账后，再行抵充。

可事后高先生通过银行打印转账清单才发现，钱并没有进入什么海外账户，而是转入了一个名叫"深圳市小米鼠商业"的账户之中。

下载了所谓的交易软件后，高先生就开始了"炒外汇"。

几个月亏掉了近10万元

一开始，还能挣到几百美元，这让刚刚起步的高先生还有点小兴奋。可是，当他开始频繁操作之后，不到25天的时间，连本带息就全部亏完了。

"每一手交易，银盈实业都会收取手续费的，还有交易的点差费用等。"

亏光了钱，高先生有点懊恼，有一个多月的时间，他没有再登录交易软件进行操作。

又过了一个多月，当他再次登录却发现自己所有的交易流水都没有了、账号被清空了。

他问李某是怎么回事时，李某却回答说，只要一个月不操作，账号就会被清空。没有经验的高先生只能乖乖接受，后来，他才知道，在那些正规的交易商那里，一段时间不操作，账号确实会被清空，但是不操作的期限是半年。

心有不甘的高先生于是又投入了4万元。很快，他的新账号就被设立了。而这次的转账，同样没有进入什么海外监管账户，而是转入了"快钱支付"的第三方。

这一次，高先生同样没有挣到钱，不到一个月的时间，4万元就只剩下了不到1千元。

11月14日，心灰意冷的高先生就想将余额取出，再不玩外汇了。可是在网上操作，却一直没有任何反应。他找到李某，李某说他已经离职了。但是在商量之后，李某还是带着他到了银盈实业，去办理取款手续。

可是，取款一事却杳无音讯。而李某也说自己帮不上什么忙了。

为了讨回自己的钱，高先生还和银盈实业的文姓老总取得了联系，可对方支支吾吾，最后竟说自己也已从银盈实业离职。

高大上公司转眼间不见

高先生在12月10日再次来到万菱汇银盈实业办公室时，却发现此时的银盈实业早已是人去楼空——没有任何人通知他。

案例2

2015年6月，家住花溪街道的汤某见股票行业渐起，就准备投身股市捞金，但因缺乏专业知识，便在网上加入了一些经验交流的QQ群。随后，便有一网友主动加其为好友，在闲聊之际不时询问汤某炒股战绩，称自己有专家老师指导，可以短时间内赚取高额回报，并截图展示自己的赚钱记录，还不时发布一些开豪车图片"露富"。

汤某见对方炒股赚得豪车豪宅，自己也有部分炒股经验，汤某便逐渐相信对方，决定投身股市大捞一笔。

炒外汇利润更高 一夜被骗30万

在"高人"推荐下，汤某慢慢接触到"炒外汇"。"高人"告诉汤某，外汇收益更高、挣钱更快,每笔交易只需要收取850元手续费,投入8000元一次交易需要收取850元,但是比起"炒外汇"带来的收益这只是凤毛麟角。

虽有部分炒股经验,但汤某并未接触过炒外汇,心中难免会有顾虑,但汤某见该外汇公司执照齐全,网站正规,参与的股民众多,且还有"高人"指点,汤某便决定赌一把,将卡内30万资金全部转入推荐平台。

线下执照齐全 却线上涉案 3.7 亿

不料,一夜之间30万全部亏损,几乎让汤某倾家荡产。被吓破魂的汤某立即报了案件,由于此类案件在巴南区尚属首发,犯罪嫌疑人在金融知识方面具有很强的专业性,专案组民警深感压力巨大。

案例 3

今年48岁的吕某平是江西人,此前曾在福建晋江池店镇做大巴车客运生意。在吕某平看来,这个生意很难赚到钱。

2015年10月份的一天,"财神"眷恋上吕某平,吕某平认识了一名赖姓女子。赖某告诉吕某平,她在投资外汇,买一单是2千美元,每周能产生3%的利润,只要钱不取出来,利润就会变成本金,利滚利,很好赚钱。

一开始吕某平还是有些担心,并没有马上下单。事隔两天后,赖某邀请吕某平来听课,吕某平带着24岁儿子吕某峰一起去听课,两人听完课后便对投资外汇赚钱的事情深信不疑,当场两人一人买了一单,共转了2万元人民币给赖某。

吕某平说,转账之后,赖某就帮他和儿子一人开了一个账户,并教了自己儿子如何到网站上操作。后来他和儿子每周都到网站上看收益,发现钱一直在增加,便更加相信投资外汇可以赚钱,前后两父子共投资了40万左右。

为收本金 邀亲朋好友一起"发财"

按照赖某的说法,投资"外汇"的钱可以取出,但需要一笔大额的交易费用。投资了几十万的吕氏父子想着先回收本钱，为此两人想到了一个好办法，介绍亲朋好友一起投资外汇，把自己手头上的美元卖给亲朋好友，回收他们的现金。

今年42岁宁化县男子雷某和吕某平认识已有几年时间。雷某说，2016年3月份，吕某平到其经营的米粉店消费时，自称投资外汇赚了几十万，还说过段时间赚够钱就要把大巴车卖掉，专门买外汇赚钱，让他一起加入。

"他说只要把钱给他，他儿子很厉害就可以帮我赚钱，一单要6.5万元，半年后本钱就能翻一倍。"雷某说，他前后十一次共转了29万元给吕某平，"他儿子给我看过那个外汇网站，但我又不懂操作，只知道账户里面有钱。"

今年45岁永春县女子陈某在福建晋江池店镇浯潭村经营一个票点，平日里经常和吕某平打交道。去年年底，吕某平告诉陈某自己在做外汇，每个星期的利润最少有10%。当时陈某推说自己不懂外汇，并没有答应吕某平投资。

此后一段时间，吕某平每次见到陈某便游说陈某炒外汇，还主动说如果陈某钱不够，他会帮忙垫付部分。2016年5月份，陈某给了吕某平2万元，吕某平答应帮忙垫付4.5万元，凑足6.5万元购买一单。而在那之后，吕某平便经常催陈某还钱，直至今年8月份，陈某还清了"欠"吕某平的4.5万元。

在拉亲朋好友一起投资这件事情上，吕氏父子通力合作，包括雷某和陈某在内，两人拉上十余人一起投资外汇，收得100多万元投资款。"他们投资的时候，我都告诉他们投的钱要到今年8月份才能回本，才能赚钱，如果在那之前把钱取出来就会亏本。"吕某平说，这样一来，两人不仅把本钱收回，还反倒赚了几十万元。

诈骗败露 两父子举家逃往深圳

2016年8月中旬开始，雷某想着将钱取出来，便开始联系吕某平，但不仅吕某平，连同其儿子也未见到，电话也一直打不通。不久后，雷某遇上陈某，二人怀疑被他们父子骗了钱，才决定向公安机关报警。

在网络炒汇中，投资者受投机心理驱使步入泥潭。参与非法网络炒汇的投资者，无一例外地要么本金亏完，要么被骗完。所以，投资者要慎重对待网上炒汇，学习更多的防骗招数对付骗子的虎视眈眈。

1. 投资者要看紧钱袋子。

最重要的是，网络炒汇的交易资金没有任何保障。投资者交存的保证金，存到指定的某个账户，即使想中止交易也拿不回属于自己的资金。所以不要轻易把兜里的钱掏出去。

2. 判断代理人的真材实料。

因为是根据自定的"行情"，代理人以自己所谓的"专业"判断，往往误判汇价走势，造成投资者的错误操作，或强制投资者买空卖空，造成交易人的亏损。绝大多数投资者都是先小赢几手，最终以大亏告终。网友有必要在接触中摸清代理人到底有多少斤两。

3. 选择合法正规的外汇投资。

非法网络炒汇从侧面折射出受害者对合法正规的外汇投资渠道和理财产品了解不够。随着外汇管理政策不断改革和完善，银行、保险公司、券商等金融机构不断推陈出新，除B股外还有银行外汇实盘买卖、QDII（合格境内机构投资者）产品等多种外汇投资理财产品，虽然不可能获得暴利，但风险相对小得多，更适合普通投资者。

4. 捕捉对方行骗的线索。

不法分子为招徕顾客、吸引眼球，都会打出非常具有诱惑力的宣传广告，这固然会蛊惑一部分投资者上当受骗，却也给违法行为贴上明显"标签"。例如多笔资金汇往境外某一个或几个账户的异常情况，根据这条线索，就能很容易地查出境内非法网络炒汇的组织者。所以，一旦陷入圈套，要及时报警，向警方提供有利线索。

网络理财

网络理财是指投资者通过互联网获取商家提供的理财服务和金融资讯，根据外界条件的变化不断调整其剩余资产的存在形态，以实现个人或家庭资产收益最大化的一系列活动。

随着互联网理财的兴起，一些以高回报为诱饵的网络理财骗局也混入其中，例如时下较热门的虚拟货币投资、互助盘投资等。很多人因贪图高收益，最终却连本金都被"套牢"。

事实上，这些网络理财骗局基本上都是"庞氏骗局"，玩儿的就是空手套白狼，用新加入者的资金来支付先加入者的利息，一旦新资金进场乏力，资金链断裂，就会导致崩盘，使得很多投资人血本无归。

 案例1

据一位朋友亲历骗局的朋友讲，他经不住美女忽悠，买了一家新三板公司的所谓"原始股"。公司是一家网络销售公司，定增价一块多，卖出来高达七八块。公司宣传将转版，借壳安徽某财富有限公司，找了美女形象人，专门拍白富美照片宣传，跟投资人视频聊天。后来该朋友了解到，该公司卖出"原始股"的佣金高达25%，转板上市遥遥无期，现在手上的"原始股"也卖不掉。

案例2

　　王先生说自己是在无意间搜到一个网上投资理财网站的，他在经过了一段时间的了解考察以后决定花八百块钱来试试这个网上投资理财网站的真假，结果他每天都能够享受到十块钱的分红，这就让王先生对这个公司没有抵抗力了。

　　但是，王先生没想到的是这个网上投资理财还有更大的陷阱在等着自己，因为在之后不仅王先生往这个网站的账户中投入了三千块钱，并且，在这段时间里他又利用自己的空闲时间找了另外两家公司来做网上投资理财，分别投资的金额为五千和一万，结果，投资以后没多少时间这些网上投资理财网站就已经打不开了。

　　因为王先生以前一直是通过在线客服来联系这个网上投资理财平台的，所以说，在网站打不开以后他知道自己被骗了也没有别的办法可以追回自己的损失了，所以，王先生尝试报警处理。

 案例3

　　莫先生在网络聊天时被人拉进一个炒股交流群，群里有一位网友发言非常活跃，经常给大家介绍炒股知识、经验，教大家操作。一段时间后，群里都比较信任他。今年股市火的时候，大家都讨论股市，股市行情不好后，他又在群里教大家炒现货原油，并经常截图自己操作的盈利，每天少则几千，多则几万，大家看了都很眼红。莫先生因为炒股失利，亏了20几万，想着怎么赚回来。看着这位群里这位大牛每天赚钱，就主动加了她好友，请教她如何操作。

　　随后，"大牛"把莫先生拉入了一个原油现货交流群，并把自己的投资顾问介绍给了莫先生。莫先生在"投资顾问"的指导下，在深圳石油化工交易所188号会员单位开了投资账户，把在股市亏损剩下的钱全部转到这个原油投资账户里（行话叫"入金"）。"入金"后，成为群里正式的投资者，投资顾问发来交易软件和操作教程，指导他安装和操作。莫先生开始了"发财"之旅。

交易的手法是根据国际原油的价格，平台报出中间价，投资者买涨或买跌。刚开始莫先生赚了两笔，小赚了几千块钱。后来就只亏不赚，价格走势完全是和他买的方向相反。短短几天，从股市转出来的20几万只剩下了几千元。

莫先生感觉不对，网络一查才知道，自己又中招。

从以下几个方面深度分析网络理财骗局，有助于帮助人们认识真相，防止被骗。

1.虚构交易平台，使用模拟的交易软件。诈骗团伙往往虚构一个高大上的公司，传送给投资者的是一个模拟交易的软件，软件由他们控制。软件里大宗商品的行情、价格走势都是他们自行设置，然后和投资者方向炒作。你买涨，他就买跌，让你亏钱。这种虚构平台的方式，随着企业信息的全国公开公示，已不常用，假平台，投资者很容易就能查证。

2.冻结客户账户，延时交易。在投资者盈利的时候，冻结投资者账户，使其买入之后不能正常卖出，然后其其他操盘手将价格方向拉大，让投资者实际盈利变亏损。

3.在客户盈利时，强行平仓。美其名曰，避免你亏损。因为交易软件他们有后台控制，发现投资者盈利时，强制平仓。投资者因为往往都是网络开户，一无合同，二不知公司名称地址，往往被强制平仓后，无能为力，求告无门。

4.在交易平台中设置虚拟账户，进而对该账户虚拟注资，进而通过虚拟资金控制交易行情，致使受害人亏损。

5. 放大交易杠杆，设置资金放大比例数十或数百倍于受害人的"主力账户"，进而通过放大后的资金优势操作、控制市场行情，使受害人亏损；

6. 进行"滑点"操作。按照商品的正规交易盘买卖，但在客户的成交金额上进行少量的增、减，使客户少盈利或多亏损，从中牟利。

7. 代客频繁交易赚取高额手续费、收取客户仓储费、加工费、盈利分成等让投资者损失。

第三章
电信诈骗

反电信互联网诈骗攻略

身份证资料被冒用

近年来,"有心人"用捡来、买来、偷来、骗来的身份证进行非法活动的案件屡有发生。身份证资料被冒用带来的问题不容忽视,这是不少电信诈骗案件的核心环节。特别是一些不法分子利用虚假身份证件、盗抢得来或他人遗失的身份证件,企图办理开户、贷款、注册公司或诈骗的事件时有发生,若银行未能审核、审查出伪造的或冒用他人的身份证件办理银行业务,就会引发诈骗案件或金融案件。

案例1

某银行网点一客户持身份证件办理大额现金取款,柜员在审核客户证件过程中,感觉客户相貌与证件照片有差异,遂询问客户该证件是否为本人,客户回答是本人并声称证件为多年前核发,几年来容貌发生一些变化在情理之中。交易完成后客户习惯性地签了自己的名字,与身份证名字不符,于是柜员抓住疑点再次询问客户身份,客户态度十分蛮横,一口咬定是本人,并对营业厅内其他不明就里的客户宣称银行柜员故意刁难她,签名错了,改了就是。现场管理人员与柜员并未被客户的行为所蒙蔽,再次仔细辨认发觉不

第三章 电信诈骗

是本人的可能性很大,最终客户承认是冒用其妹妹的身份证进行取款。柜员随即将取款进行了反交易,拒绝了该客户的取款要求。

案例 2

朱先生和妻子马女士都是南昌人,2010年期间曾在温州市鹿城区工作生活,后又返回南昌市工作。

马女士喜欢网上购物,经常在淘宝上购买东西。2010年12月7日,她打算将自己的支付宝通过实名认证,可在处理过程中,被告知她的身份证已和别的支付宝绑定,绑定的是一个中国邮政储蓄银行账户。

"老婆只办过一张中国邮政储蓄银行信用卡,并无储蓄账户。"朱先生说,通过查询得知,这个账户是2010年10月份在中国邮政储蓄银行温州市区信河街一网点开户的,开户时使用的身份证是老婆的一代身份证,而且2012年没有交易记录,目前卡内没有余额。

可让他们疑惑的是,开户期间马女士虽然在温州市区上班,但没有办过邮政银行储蓄卡,而且早在开户前一个月,马女士的身份证就已更新换代,一代身份证已被警方收走。为何一代身份证会被利用,并且在本人没有在场情况之下,在银行开户,这让他们百思不得其解。

见尚未造成金钱损失,朱先生夫妇打算将账户注销掉。当他们向银行询问时,却被告知"开户资料均符合规定",不能在瑞安网点注销,要先到开户行申请挂失,等新卡办下来后,再到开户行重新注销。

案例 3

扬州的包小姐曾经在2009年的时候将自己的身份证出借给自己的朋友陈某,但陈某在包小姐不知情的情况下将其身份证转借给韩某。韩某用包小姐的身份证于2012年3月份贷款15.7万元,用于购买个人住房,分240期归还,一直要还到2029年。在还贷过程中,曾多次出现逾期还款情况,已经上了银行信用黑名单。而这些事实，在2016年9月17日包小姐准备贷款买房时才发现，"陈某从来没告诉过我这件事，我这些年好几次申请信用卡都没批下来，现在才知道是因为上了银行信用黑名单"。包小姐说，现在自己像冤大头一样背着一套房子，还有严重的信用污点。现在需要解决两大难题，一方面无法贷款给自己买房子，另一方面即使可以贷款，还会因为"二套房"政策造成首付款增加。

案例4

2014年8月28日，家住湖北武汉的覃女士到一家银行办理贷款。在审核资料时，银行发现她名下有3家公司（均在深圳），认为她是风险用户，贷款的事打了水漂。

作为一名90后，她从来没有去过深圳，怎么会在深圳有3家公司呢？覃女士在工商部门的网站上查询，结果发现自己的身份信息确实在深圳多个工商部门注册了3家公司，有建材公司、有商贸公司和广告公司等。从工商注册的信息来看，她是两家公司的法人，一家公司的大股东。这3家公司的注册地址，分别在深圳市龙华新区、福田区、南山区等，几乎包括了深圳市管辖的所有辖区。从注册资金来看，从100万元到300万元不等，3家公司的注册资金达到了900万元。

覃女士怀疑，自己的身份信息已泄露，在网络上被肆意买卖。不过，她也不知道自己的身份信息是如何泄露的。她更担心的是，这些公司既然冒用她的身份信息来注册，肯定不会是干正经生意，如果这些公司干一些违法犯罪的事，作为法人或大股东，她岂不是要背黑锅？

9月13日，深圳市工商局工作人员表示，针对覃女士反映的情况，他们会尽快督促相关工商部门对覃女士反映的这些涉嫌冒用身份信息的公司进行查处。

1.个人的身份证复印件不要随便外借,平时不要保留身份证复印件,随时用随时复印,复印后要销毁残次品,以免隐患。

2.一旦要求必须使用身份证复印件,必须问清用途,再给别人用于备案的身份证复印件上明确写明用途,标注文字应覆盖在身份证的影像之上,但不要妨碍证件的内容。

3.金融消费者要提高金融安全意识,不要随意将身份证、房产证、户口本等重要身份证明文件外借,即使对关系亲密的人,也要有风险防范意识,否则出现纠纷会存在举证困难。商业银行也要加强对金融消费者安全意识的宣传教育,让消费者的权益切实得到保障,从源头上减少纠纷或投诉的发生。

盗取银行卡密码

不法分子通过冒充银行工作人员通过短信、电话等方式向受害人发布银行卡被扣除费用、透支或银行卡需进行升级保护、口令过期升级等虚假信息，引诱受害人按其提示将钱款转至指定账户。通常有两种方式，一是向受害人发布银行卡有关业务的虚假信息后，以确保受害人银行卡账户安全为由，提示受害人到自动柜员机进行升级保护或转至安全账户，在操作过程中，诱使受害人转账至指定账户中；二是发布虚假信息后，提供一个网址提示受害人进行操作，诱使受害人将银行卡账号及密码输入网页，从而将受害人卡内的钱款转至其账户。

案例 1

年轻白领丁小姐，在新天地附近一家外企上班，早上七点起床，她看见手机上有两条来自银行和手机运营商的短信，发送时间分别是凌晨3:43和4:12。起初她以为是发错了并没有在意，但涉及银行，保险起见丁小姐还是查了一下自己的账户，谁知道，10万多元的余额在一夜间归零。

丁小姐的噩梦并没有完。在余额被盗之后，她还遭遇了信用卡被盗刷，甚至"被申请"了7万元的浦发银行万用金贷款，而这些债务，自然都算到了丁小姐的头上。

第三章 电信诈骗

所有的这一切都是从凌晨收到的那两条蹊跷的短信开始的。第一条来自银行的短信表明，犯罪分子已经登录了丁小姐的银行账户。那么银行账户是怎么被攻破的呢？

犯罪分子找来一些黑客，自己写了软件来扫各类网站，把批量生成的电话号码进去扫，把电话号码所对应的登录密码扫出来。这在业界被称为"撞库"。这种简单粗暴的方法，直接得到了用户最关键的登录信息，相当于偷取了用户的网络身份。撞（数据）库的速度也很快，每分钟就能跑1000个，而据民警透露，成功率在50%以上。

利用撞库攻破密码登录了网银之后，要想转账，绕不过的还有一步——随机验证码。现在的金融机构采取的都是双因子认证，也就是说有两把钥匙，其中一把钥匙是用户自行设置的密码，这是只有用户自己知道的；第二把钥匙是银行随机发送到用户手机的验证码，这是用户和银行事先都不知道的。只有这两把钥匙同时开锁，才能顺利使用转账等金融业务。

要拿到验证码，自然需要再攻破你的手机，读到你的短信。到这个地步，你以为你的手机账户还是安全的吗？

案例2

沧州一名女子因轻信骗子扮演的银行工作人员打来的"升级网银"电话，步入骗子设下的圈套，最终3万元存款被骗子全部转走。

2016年4月5日上午9时30分左右，沧州市公安局巡警101巡组接指令称北环附近某小区有人被骗。民警赶到现场后报案人王女士告诉民警，9时左右，自己接到一位自称是工商银行工作人员的女子打来的电话，该名女子开口便能叫出王女士的名字，然后对王女士说，最近有很多人的银行卡经常出现盗刷、诈骗等现象，为了防止这种事情再次发生，银行推出了免费密码升级服务，称王女士的网银卡号需要升级，升级以后的密码会更加安全，能有效防止被盗刷或者盗用。看着对方能准确说出自己的名字及银行卡卡号，便相信了对方，随后，王女士按着对方的要求，登录了对方提供的链接网址，并将个人网上付款的银行卡卡号、激活码、身份信息等透露给了对方。没过多久，王女士手机里接到信息称，卡里的3万元存款已被转到了另一张银行卡上，意识到上当受骗的王女士立即拨打了报警电话，随后再联系对方，结果早已关机无法接听。民警了解情况后，认定这是一起典型的电话诈骗案件，目前王女士已在辖区刑警队备案。

案例3

某日，杭州市民彭老先生接到一条手机短信，提示中国银行的系统已升级，叫他尽快登录一网站，进行动态密码维护，以确保资金安全。正好彭先生有中国银行的信用卡，连忙打电话叫女儿弄一下，女儿细问之下，就发现了破绽，避免了老先生上当受骗。

彭先生说，这条短信的内容为："尊敬的用户您好：本行系统已升级，请您尽快登录www.bocmb.com进行动态密码维护，确保您的资金安全。"落款为"中国银行"。彭先生告诉记者，这条短信发来后，正好自己有一张中国银行的信用卡，存了十几万的养老钱，因不会上网，对计算机也不是太在行，想到银行的系统升级了，自己的银行密码是不是也要升级。焦急之中，他给会上网的女儿打了个电话，告诉他把银行卡升级一下，搞得女儿一头雾水。反复告诉李先生不需要，可能是个骗子信息，后来在女儿的提醒下，彭先生再看了一下短信，果然看到发短信的是一个尾号为"2924"的手机号码。正如女儿所料想的，并非银行所使用的短号。

彭先生登录了手机上的这个网址，令人意外的是，打开的网页，竟然跟中国银行的一模一样，提头也有"中国银行全球门户网站"，点击新闻，弹出来的网页也跟正规的中行网页完全一样。记者随即致电中国银行95566客服电话，一名工作人员告诉记者，中行全球网站为www.boc.cn，而江苏中行的网站为www.bocjs.com。从彭先生所报的网址，并非是他们的网站，请客户小心，以免上当受骗。

 案例 4

4 家银行的 6 张储蓄卡，都在手里，且密码各不相同，却在一周内全被盗刷，共盗刷 129 笔、8.7 万余元。这样的怪事，让福州石女士十分苦恼，更离奇的是，U 盾和卡均未离身，有的银行卡的密码还被改了。

"您的储蓄卡是否在凌晨多次消费？" 2013 年 6 月 28 日，石女士接到银行工作人员来电，才得知 20 日～25 日，她在该行的 3 张储蓄卡被人通过快钱支付、财付通、易宝支付、贝付在线支付、顺丰恒通支付等 12 家网络第三方支付公司，分别消费 58 笔、13 笔和 18 笔，金额近 5.8 万元。

"我从来没开通过这些第三方支付账号，怎么存款能被刷走？" 石女士说，其中两张卡没开手机银行，只在家里专用的电脑上登过网银，另一张是工资卡，连网银都没开。

随后，石女士开始盘查名下其他 3 张银行卡，却惊讶地发现，无一幸免。一张卡被盗刷 30 笔，损失 2.7 万余元，更离奇的是，这张卡的密码还被改了；另一张被刷 6 笔，3000 元；还有一张卡虽然只被刷了 4 毛钱，但这张卡主要被用于"中转"，即不法分子把其他卡的钱转到这张卡上，再转到一个陌生人的卡上。6 天内，石女士名下 4 家银行的 6 张卡，被盗刷 129 笔，共计 8.7 万多元。

让石女士不解的是，她没开第三方支付，卡里的钱却经过这些平台被盗刷。事实上，在第三方支付平台上消费，并不需要开通网银或手机银行。据了解，第三方支付软件为满足客户小额支付的便捷性需求，在购物时不需要开通网银，只需输入银行卡号、户名、手机号等信息，银行验证客户信息正确性后，第三方支付平台向用户手机发送短信验证码，客户输入验证码后，就可成功开通快捷支付并完成支付。也就是说，不法分子若拦截验证码短信，便可冒充客户本人进行开通，并盗刷。

在银行相关人士的介绍下,我们在此整理了一些相关防骗方法和如何安全用卡的相关知识。

首先是不怕麻烦,密码设置和保护要注意安全性。在设置密码的时候,市民切忌把密码设置成与本人明显相关的信息(如姓名、生日、常用电话号码、身份证件号码等)作为密码。而对于查询密码和交易密码也应分开设置。比如网上交易需要输入密码的时候就要多留心,在不能确保所登录的网站不是钓鱼网站的情况下,建议退出,以免资金遭受损失。而刷卡交易需要输入密码的时候,切忌不遮挡就直接输入密码,也不能因为要记忆多个密码,怕忘记就记录在纸上或者手机里等。

其次是学会保护个人信息和多询问了解。市民朋友在日常生活中难免要遇到一些需要填写个人信息,或者填写相关个人信息就有礼品领取等,这个时候要综合考虑,在不清楚所填写的个人信息被用于什么用途,或者认为其可信度不高的情况下,建议了解清楚后在决定是否填写。而对于不管是手机上收到的短信或者是陌生人打来的电话等相关现象,凡是涉及需要资金支出的,建议通过多方了解、询问,不可自己单独处理。

最后要特别提醒广大市民,如今短信验证码应用得十分广泛,市民在进行转账等交易的时候通常会收到短信验证码,此时切不可泄露短信验证码,不然就有可能因此而损失相应的资金。

第三章 电信诈骗

一条中奖短信

时下热门综艺节目受到不少观众的喜爱，一些不法分子随即采用中奖短信和仿冒网站等手段进行诈骗和套取个人信息。

 案例1

2015年1月10日，吴某收到一条中奖信息：恭喜，你的号码被某综艺节目后台系统抽取为场外二等奖幸运用户，将荣获创业基金158000元以及苹果笔记本电脑一台，请登录活动官网领取，验证码为6588。吴某看过这个节目，而且也比较喜欢这个节目，但也将信将疑。马上用手机登录该网页一查，网页上面有节目导师的照片，下面有某卫视综艺节目首次对场外观众举办幸运抽奖活动的字样，面对如此"正规精美"的网页，吴某这下信了。输入验证码一查，确有自己的中奖信息，赶紧拨打"领奖联系电话"。电话拨通后，对方自称是该综艺节目的工作人员刘某，领取苹果笔记本电脑需要交2800元的保险，吴某毫不犹豫地把钱打了过去。刘某又说领取奖金需要交税，此时吴某心里的发财梦早已蒙蔽了他的双眼，吴某又转了1600元至对方账户上。对方确定收到钱后，继续以跨区为理由需要缴纳地区税，又叫吴某汇款1100元，吴某这时就起了疑心，但是发财梦还是没有完全打破，抱着"最后一搏"的心态把1100元钱转到了对方账户。而对方并没有停下诈骗的脚步，继续以领电脑需要800元办理宽带为由要吴某继续汇款,这最后的"一根救命稻草"被折断以后,吴某才彻底醒悟,发现自己被骗了汇过去的6300余元早已不见踪影。

案例2

很多人都接到过"中奖"或者"兑奖"的诈骗短信,一般看到发信方是外地手机号码后都会一笑置之。然而,当你接到"10086"这样的官方号码发来的中奖短信后,还能淡定吗?近日,雅安市民龙先生就收到了这样一条中奖短信。

中奖信息来自"10086":"尊敬的用户,您的话费积分已满足兑换298元现金礼包,请点击www.10086jiv.com下载移动客户端并激活即可领取。【中国移动】"这就是11月8日龙先生收到的中奖短信。

"要不是用电脑打开网页发现有些问题,说不定已经被骗了不知道多少钱了。"龙先生说。

龙先生说,平时虽然也会时不时收到一些所谓的中奖短信,但只要看到发信人的号码是陌生的外地长号或者其他号码,他都不予理睬,并果断加入黑名单,但当天他收到短信时,看到是10086发来的,不由得迟疑了。

"我是中国移动的用户,而发短信的号码是'10086',谁都知道,这是中国移动的客服电话号码,而且中奖的钱也不多,感觉很真实啊!"龙先生说,他以为是用手机积分兑换东西,周围的人都有过积分换东西的经历。于是,龙先生用电脑打开了短信中的网址。

当龙先生打开短信所说的网址后,发现是一个名为"中国移动掌上营业厅"的页面,点击"兑换"后,要求填写银行卡号、身份证号码和电话号码。一向谨慎的龙先生这时有些疑惑了,他当即拨打了10086,刚给客服人员念了短信的内容,客服人员就斩钉截铁地告诉他,这条短信是假的,是诈骗短信。

第三章 电信诈骗

 **案例 3**

近日，18岁的大学生小赵收到短信称，她被某知名电视栏目组选中为"幸运观众"，奖品丰厚，但要缴税5000元。第二天小赵连续接到了"节目组"和"法院"的电话，称若不领奖将要起诉小赵，慌了神的小赵跑到银行，坚持要汇款。面对银行工作人员的友情提醒，小姑娘情绪十分激动，哭喊着一定要汇款，最后在工作人员和民警的帮助下，才避免上当受骗。

 案例 4

2016年7月26日晚上8点多，家住南京秦淮区的小伙王某到派出所报警称，自己刚才点了一下银行发来短信上的链接，没想到紧接着银行卡上的5000元就不见了。

王某说，自己的银行卡办理了手机短信提醒的业务，经常会收到银行发来的各种短信。当天他看到手机上有一条"银行"发来的未读短信，说他的银行卡账户积分已满1万分，可以兑换5%的现金。短信上有一个链接，并注明逾期失效。

王某算了算，1万积分就可以兑换500元钱，不换岂不是太亏？而且这条手机短信的号码是银行的，自己之前也接到过这个号码发来的不少短信，就点击了链接。

点了链接后，按照"银行"网页上的兑换操作要求，他输入了自己的银行卡号、密码和手机号码。没想到，刚刚输完这些他就收到一个验证码，还没有来得及去"兑换积分"，微信上就收到了信息，提醒他银行卡刚才被转走了5000元钱。

小王有些不敢相信，到银行去查询，发现自己卡里果然少了5000元，确定被骗无疑，他赶紧到派出所报案。

1.我们要认清这类短信诈骗案件的实质:不法分子利用一些热门综艺节目传播广泛、公众知晓度高的特点实施诈骗,一是抓住部分群众的侥幸心理,避开一等奖容易让人产生怀疑而炮制了二等奖中奖信息,使其看上去似乎存在一定的可信度进而诱人上当;二是短信中的链接直接连接了仿冒网站,不管当事人是抱着好奇心态还是侥幸心理,只要进入该网页填写了个人信息,就会导致其个人信息泄漏,进而被诈骗团伙借"保证金""手续费"等名目骗取钱财。

2.凡是收到带有链接的信息,都要提高警惕,认真甄别,勿轻易点击短信链接,以免误入钓鱼网站或被不法分子趁机安装木马病毒,造成个人信息泄漏和财产损失。如果没有参与相关活动而收到中奖信息的,更不要相信这种"天上掉馅饼"的事情。即便是参与了活动中奖,一般由开奖单位从奖金里先行扣除税费后,再将余款发放给中奖人,不需要中奖人在领奖前提前缴纳税费等各种费用,也不会发生中奖人因未领奖而被起诉的情况,所以市民不必听到法院要起诉就恐慌。遇到此类情况,要多与家人沟通,不轻信陌生来电和短信,一旦发现被骗,应保存好证据,立即报警。

3.涉世未深的大学生要提高防范意识,学会自我保护。"天上不会掉馅饼"就算真的掉下来,也可能会砸到人,让人损失惨重。撕开所谓"馅饼"的包装,我们会发现馅饼或许就是陷阱。对大学生而言,要学习掌握一定的防范网络诈骗的基本知识,提高基本的防范意识和防范网络诈骗的基本能力,多知道、多了解、多掌握一些防诈骗知识,提高警惕性,遇到实际问题,忌盲目,多思考,冷静对待,千万不要被某些假象所迷惑,对任何人,特别是陌生人,不可以轻信,也不可以盲目随从,避免上当受骗。

第三章 电信诈骗

银行发来的温馨提示

10086、95555……这些手机运营商或者银行客服电话给你发来短信，你会怀疑信息的真伪吗？

案例 1

"我一直很相信自己的智商，不过今天怎么就差点被骗了呢？"说起自己的经历，济南的徐女士还心有余悸，愤愤不平。

2014年5月27日上午，徐女士收到一条95555发来的短信，上面写着"尊敬的招商银行用户：您的信用积分已满兑换699.68元现金条件，手机访问cmbciacn.cc 即可兑换－招商银行"。

徐女士平时就经常使用招商银行的信用卡，也经常收到该号码的短信。"因为是同一号码，手机自动就将这条短信归类到95555的短信列表中。"想也没想，徐女士就点击了短信中的链接。

接着，该网页让徐女士输入银行储蓄卡号、身份证号等个人信息，"在提交信息后，又出现提示让我下载一个软件，说只有下载软件后才能提取现金。"在徐女士准备下载该软件时，手机中的安全软件提示该软件带有木马程序。这时，徐女士才意识到自己上当了。

徐女士立马给招商银行打了电话，银行回应，现在并没有这个活动。由于徐女士输入的是银行储蓄卡号，为了防止资金丢失，银行为徐女士冻结了账户。27日中午，徐女士赶往银行销了该账户，重新办了张银行卡。"平时的工资、奖金都是打到这个账号中，现在重新办卡麻烦，之后各类信息更改也很麻烦。"

案例2

作为招商银行信用卡的老客户，7月21日20:56，他收到一条短信，上面写着"尊敬的招商银行用户：您的信用积分已满兑换699.68元现金条件，手机访问www.wspchian.com兑换－招商银行"。出于对95555客服号码的信任，他毫不犹豫点击了短信中的链接，并在随后出现的信息页中按要求填写了信用卡的卡号和密码，然后激活、提交。几分钟后，分别在21:09、21:11，2万元分两次从他的信用卡中不翼而飞。当他查到自己的汇款是流向了叫作"北京联众互动网络股份有限公司"时，他慌了神。他知道，自己上当了。

但是作为一个思想活泛、警惕心强且颇有见地的80后，赵先生不明白自己怎么就中了骗子的圈套。"这条短信就是95555发出的，这不就是招行的客服号码吗？而且在我之前用卡的将近十年的时间里也点击过他们推送的活动链接，怎么偏偏这次就受骗了呢？"赵先生搞不懂。

赵先生很快拨打了招商银行的400客服电话，客服将其信用卡进行了冻结处理，并告知三天后会联系他进行进一步处理，同时建议他赶紧报案。赵先生彼时正在沈阳出差，他连夜赶到沈阳和平区吴淞路派出所报案。

案例3

"尊敬的工行用户：您的电子密码器于今日过期，请速登录我行网站……"近日，浙江省温岭市居民常会收到这样的短信提示。如果按照短信中提供的网址和步骤操作，银行卡中的余款将被"洗劫一空"。2014年10月20日，温岭市的江先生就中了短信提示的圈套，被骗走3.7万余元。

10月20日下午4时34分许，市民江先生收到一条"提示短信"："尊敬的工行用户：您的电子密码器将于今日过期，请速登录我行网站 wap.cbcr－cb.com 进行更新维护，给您带来不便，敬请谅解。（工行95588）"。

由于江先生办理过工商银行的网上银行业务，且看到所发短信的电话号码尾号是95588，也就相信了。于是，他点击进入短信上的网站，并根据网站上的提示进行操作，输入自己的手机号、银行卡号、密码及电子密码器的动态密码。不料，江先生刚操作完毕时，就收到了工商银行的信息提示，称他的银行卡已支出3.7万余元。

收到银行短信应注意以下六点。

1. 认准各大建设银行的官方互联网网站、手机网站、信用卡积分兑换官方网站网址，要警惕通过搜索网址或点击他人、其他网站提供的链接方式登录；

2. 积分兑换时，请留意核对积分兑换短信验证码中的积分信息。银行积分兑换时不会进行"虚拟扣款"，如短信中提示为支付信息，请高度警惕；

3. 银行工作人员不会向持卡人索取信用卡动态验证码、密码等敏感信息，切勿泄露，任何方式的索要均为欺诈；

4. 如对收到的95533、95588等相关短信存在疑问，建议暂不要做任何操作，第一时间向银行网点工作人员咨询；

5. 建议手机安装安全软件以屏蔽欺诈短信及识别钓鱼网站，并注意定期升级软件；

6. 一旦发现卡片被盗刷，请立即致电银行客服热线冻结卡片，并向警方报案，避免扩大风险损失。

助考骗局

每年各类考试前夕，不少考生都会收到类似"交钱包过""绝密考题""助力考试"等的短信，这类信息多是骗子趁机采取的诈骗伎俩。行骗过程中，诈骗者首先通过各种渠道获得考生的姓名、手机号码、报考职位等信息，然后群发短信，称自己可以提供内部答案或者"包过"服务。一旦有人与诈骗者联系，诈骗者会提供账号以供考生汇款，考生及家长支付相关款项后，骗子就会切断联系。由于买试题作弊本身就是违法的，更多的人在上当后只能选择吃"哑巴亏"。

 案例1

"有卖答案的，我一个朋友就买过。"

"没听说过买答案的，但是听说过代考的。"

一些学生这样告诉记者。卖答案？代考？这英语四六级果真可以通过这些方式考？听说每到考试时节，各大高校都会出现助考、代考的小广告。对此，记者走访了济南的几所高校，果然在海报栏里就看到了这样一则小广告。

"提供助考，安排市内考试，代办四六级证书，联系人：牛老师。"

又能提供助考，还能办理四六级证书？这个牛老师是不是真的这么"牛"呢？记者以大四学生的身份拨通这位牛老师的电话。

牛老师对记者说，原则上在他们那里报名才能给安排助考，因为在学校报名的话没法安排考场，不好操作。

助考方式①：代考＋安排考场

某省教育招生考试院纪检科工作人员告诉记者，考场都是由教育厅统一安排的。

不在他那里报名就无法安排代考，那还有没有别的助考方式呢？牛老师说，也可以提供考前答案，考前两三个小时发给你，四级500，六级700。

助考方式②：提供答案

对此，该省教育招生考试院纪检科工作人员介绍说，试题都是封闭的，考前答案都不准的。但是这位牛老师还是反复跟记者强调，没有从他那里报名，答案也是不能买的。

助考方式③：办理证书

那咱这个六级考试岂不是铁定过不了了？别急，人家牛老师还有招呢。

"你先自己考考吧，实在没过的话，我们也可以给你办一个证书，跟你在学校里考的没差别的，网上也能查到证书号，盖的章跟山东省考试中心的是一样，一点儿问题都没有。"

对此，该省招生教育考试院纪检科工作人员告诉记者，那些都是假证，真的证书都是有防伪标签的，对方提供的网站都是虚假的。

这"助考"里面竟然可以做出这么多文章来，还真是一助到底了，难怪人家姓"牛"，还真不是一般的"牛"。但是山东省教育招生考试院纪检科的工作人员说了，不管他说得怎样天花乱坠，最终都掩饰不了骗局的实质。

案例2

2016年5月初，定海章先生正积极备考事业单位编制考试时，收到一条短信，内容是通知考生添加号码为57411XXX的官方QQ及时领取官方资料，署名为"舟山人事"。章先生加了短信中提供的QQ号，QQ名却是"铭恩教育"。正当章先生产生怀疑的时候，对方说已通过内部关系拿到了这次考试的试卷和答案，并且有很多考生已经购买了该资料，对方还把章先生的姓名、身份证号码、报考岗位准确无误地发了过来。这下章先生彻底相信了，随后汇了1500元钱到对方账户。

对方收到钱后通过QQ传给章先生一个带密码的压缩包，说是这次考试的试卷和答案。为确保考前不把信息泄露出去，对方要求再收取2000元的保证金。考试时，原本信心满满的张杰被吓到了，因为眼前的试题与购买的完全不同。就这样骗子套走了章先生3500元钱。

案例3

"我的个人信息被泄露了！"市民陈小姐在报考福建省公务员考试后，频频收到"卖答案"的助考短信。三天之内，连续收到三家"考试机构"的推销短信，对此，陈小姐质疑说："这些骗子怎么这么快就知道我报考了？"

陈小姐是在3月16日报名成功的，之后，她连续收到了3条"助考"诈骗短信。

陈小姐一直都无法理解，自己的电话号码，骗子究竟是从哪里获得的。她说，自己只在福建省公务员考试录用网上登记时留下了个人信息和手机号码。

最让陈小姐感到不安的，是她在报考网站上留下了详细的个人信息。"我很担心，因为包括我的姓名、电话、家庭地址，还有我父母的工作单位等所有家庭情况都有登记。"陈小姐说，如果这些个人信息被骗子掌握，隐患就大了，即使她自己不上骗子的当，也难保父母亲不会被骗。

导报记者发现，陈小姐收到的三条短信分别来自广东、上海等地，而且，这些骗子也是"狡兔三窟"，就连发短信的手机号码和短信中留下的手机号都不一样。比如其中有一条短信，发短信的手机号显示是深圳的，但是短信中留下的另一个手机号码，却发现是上海的。

虽然发短信的号码来自不同地方，但内容都相差无几，一条短信称：还在为考公务员刻苦温习而头痛吗？我们可以提供考前原题加答案，轻松过笔试。

另外两条则基本一样，都说：内部提供2013年福建公务员考试资料，保证高分通过笔试，订购请加QQ××，或致电××。

案例4

2015年3月，一名考生收到短信称，可为其免试获得注册会计师证书，承诺有考试成绩，成绩合格后付款。这名考生信以为真，回复了自己的身份证及考号。考试结束后，这名考生登录相关网站后发现，自己的成绩确实显示为"合格"，便将3万元汇到对方指定的银行账号，之后便再也无法联系到收款人。这名考生再次登录网站发现，已无法查询"考试"成绩。

经查，2014年上半年，李某和王某合谋实施诈骗，两人通过邮件群发系统，向未通过注册会计师考试的人员发送100余万封电子邮件，称缴纳3万元便可包办注册会计师证书。王某指使温某对相关省份注册会计师协会官方网站实施黑客攻击，将有意购买假证的考生名单和成绩挂在相关网站上供考生查询。79名有意购买假证人员中，共有31人汇款，转账金额共计91万余元。

助考诈骗能屡屡成功，个人信息泄露是源头。不法分子通过多种途径非法获得个人信息，如有人假装调查公司街头随机问卷调查，向路人发放调查问卷，获取路人手机号等。考生要注意保护个人隐私，一方面切勿随意留下个人信息，特别是尽量不要在公共电脑上登录考试报名系统进行报名，这样容易被公共电脑上的木马程序窃取个人信息；另一方面，在收到陌生短信或接到陌生电话时要提高警惕，不要有金钱往来，避免损失。

任何声称可提供答案者一定是骗子，考生切勿相信此类信息，应积极与考试机构联系，为公安部门网络管理机构进行调查提供线索。考生应该注重考前的复习，不要寄希望于其他的不法途径，只有扎实备考，才能顺利通过，不能存在侥幸心理和投机思想。

伪基站群发短信

"伪基站"即假基站，设备一般由主机和笔记本电脑组成，通过短信群发器、短信发信机等相关设备能够搜取以其为中心、一定半径范围内的手机卡信息，利用2G移动通信的缺陷，通过伪装成运营商的基站，冒用他人手机号码强行向用户手机发送诈骗、广告推销等短信息。

伪基站设备运行时，用户手机信号被强制连接到该设备上，导致手机无法正常使用运营商提供的服务，手机用户一般会暂时脱网8～12秒后恢复正常，部分手机则必须开关机才能重新入网。此外，它还会导致手机用户频繁地更新位置，使得该区域的无线网络资源紧张并出现网络拥塞现象，影响用户的正常通信。

犯罪嫌疑人通常将"伪基站"设备放置在汽车内，驾车缓慢行驶或将车停在特定区域，进行短信诈骗或广告推销。短信诈骗的形式主要有两种：一是嫌疑人在银行、商场等人流密集的地方，以各种汇款名义向一定范围内的手机发送诈骗短信；二是嫌疑人筛选出"尾数较好"的手机号，以这个号码的名义发送短信，在其亲朋好友、同事等熟人中实施定向诈骗。

案例1

2013年9月到12月期间，武某、冯某等8人在榆阳区利用从外地购得的短信群发设备,向城区手机用户发送广告短信。当地运营商多次收到客户的举报,公安机关通过技术侦测查出有"伪基站"存在后,立即展开侦查摸排,将藏在城区酒店内、轿车上的"伪基站"设备陆续查获,先后侦破7起案件,抓获8名犯罪嫌疑人,后榆阳区检察院对8人提起公诉。

案例2

2014年5月份,一男子在浙江省宁波市宁海等地多次利用"伪基站"设备群发广告短信,共造成18万余名手机用户通信中断。李某在宁海县某家电大卖场门口利用"伪基站"发送广告短信,被公安机关当场抓获,并扣押了"伪基站"设备、笔记本电脑等。经鉴定,李某和老乡小张使用该"伪基站"设备共造成18万余名手机用户通信中断,累计发送短信400多万条。法院经审理后认为,李某在未取得电信设备进网许可和无线电发射设备型号标准的情况下,伙同他人非法使用无线电通信设备"伪基站",破坏正在使用中的公用电信设施,危害公共安全,其行为已构成破坏公用电信设施罪。李某被判处有期徒刑三年六个月,作案工具"伪基站"设备被依法予以没收,由扣押机关上缴国库。

案例3

2015年2月初,市民郑女士在上班时收到"10086"发来的一条短信,称郑女士有大量积分,可以兑换一笔金额不小的话费。"10086经常发送一些话费信息,而且我看到短信的发送号码是10086,因此深信不疑。"郑女士表示,她随后点击了短信上附带的网址链接,进入了一个兑换话费的网页,并按提示输入了自己的支付宝账号密码和银行卡密码。郑女士等了几天,说好的话费却迟迟没有到账。更蹊跷的是,她发现自己在支付宝上绑定的三张银行卡内,资金缩水了。经查询资金流水,她发现2.7万元被盗。

第三章 电信诈骗

案例 4

市民程先生在市南区香港中路收到一手机短信,程先生一看对方号码为95533,短信显示内容为建设银行积分兑换现金,心想积攒了很久的积分,今天终于派上了用场,而且可以兑换成现金,心里那叫一个高兴。

程先生仔细一看,短信里面附有链接网站。他也没多想,直接就点击这条链接登录了网站,点开一看,里面的积分兑换程序,首先需要分别填写自己的建设银行卡号、取款密码、姓名、身份证号、银行预留手机号、验证码等信息,就跟自己到银行网点办理个人业务一样,填写完这一切之后,心里美滋滋等着现金入账,结果一会儿收到一条短信,点开一看,说好的积分兑换现金不仅没有到账,而是提示自己银行卡的现金被转走了人民币1.2万元。

1. 不要轻信陌生号码发来的短信,即使对好友号码发来的短信,也要认真鉴别。在任何信息中看到陌生网址都不要随意点击,因为这些钓鱼网址都设计的与其要模仿的官方网站很像,用户很难分辨真假。

2. 建议用户从官方的应用商店安装手机杀毒软件,不仅可以拦截各类诈骗短信、识别伪基站发来的信息,还能在扫描安装发现病毒APP时做出预警,避免受骗产生财产损失。同时要注意安装软件时尽可能不安装捆绑软件。或者直接关闭手机中"允许安装未知来源应用"的选项,一劳永逸。

3. 如果手机信号很好却不能正常拨打电话,那么该手机很有可能接入了伪基站,建议尽可能等一段时间再拨打。不要随便打开短信中的网址链接,以防被诱入钓鱼网站。

4. 同时要注意保护姓名、电话、银行卡号等个人重要信息,不要轻易透露给他人,也不要在不熟悉的网站上录入,更不要把手机上收到的验证码透露给对方,以免信息泄露,造成财产损失。

假冒领导

近年来,电话诈骗出现了一种新型的手段,在拨通电话之后对方直呼你的名字,并以领导的口吻让你去一趟办公室,通过层层设套令人相信他的"官位"不小,并借机敲诈。

案例 1

任女士在市内某事业单位上班。前些天,她到石家庄开会。最后一天会议结束,她在住处收拾东西,准备第二天去北京。此时,电话响起,是石家庄本地的陌生号码。

"小任啊!"是南方口音。

"啊,哪位啊?"任女士有点儿懵,不知道是谁。

"怎么连你领导的声音都听不出来啊?"对方非常亲切。

"是张主任吗?"任女士单位领导没有南方人,忽然想起这几天开会的省里领导中有一个南方口音的,倒是挺像。

"对,这是我的私人电话。你明天早晨8点去我办公室一趟吧,我有事儿找你!"对方仍然很亲切。

任女士挺为难,赶紧告诉"领导",自己买了第二天上午8点多的车票去北京,怕来不及。

听后,"领导"说:"没关系,我早点儿去,7点吧!"随后挂了电话。

"我跟这位领导也不熟啊,找我啥事儿呢?"挂掉电话后,任女士百思不得其解。

一小时后,电话又来了。任女士这次认得号码了,开口就喊:"张主任!"

"小任啊!""张主任"说,"我跟几位领导喝茶呢,求人办点儿事儿,带了现金人家不收。你卡上钱方便吗,先转账给我点儿?我回头就还你。"

"有是有,不过我也没带太多啊!"任女士回答。

"你带了多少啊,是哪个银行的?"谈话中,"张主任"问了好几次带了多少钱。

忽然,任女士心念一闪——不会是骗子吧?告诉对方自己带了不到一万元,然后留了个心眼儿,说卡是工商银行的。其实,她的卡是建设银行的。

"张主任"说,稍后短信告知任女士转账卡号,又挂了电话。

任女士赶紧联系省里的同行,求证电话号码。结果得知,根本就不是张主任的号。而就在任女士和同事通话的时间里,"张主任"已经通过短信把账号发过来了。

任女士在网上搜索对方电话号。好家伙,第一条信息就是"诈骗电话"!有网友曝光了其电话骗钱行径,和任女士遭遇的如出一辙。

"好险,差点儿上当!"任女士说,因为骗子的口音真的和张主任挺像的,并且上来就叫她"小任",她这才疏忽了。

案例2

2014年3月4日晚上8时许,市民张先生正在单位上班,突然接到一个电话,手机显示这是来自济南的号码。接起电话之后,张先生听到对方是一个南方口音的男子。"小张,明天上午9点来我办公室一趟,我找你有事。"

对方一副领导的口气，而且知道张先生的名字。

因为张先生的公司恰好刚刚来了一位领导就是南方人，所以张先生就试探地询问："你好，你是李总吗？""是的，这是我济南的号码，你存下，以后多交流。"对方口气热情了一些。放下电话之后，张先生心里还很高兴，没想到领导刚来就给自己打电话了。

5日8时30分许，张先生接到了这个"李总"的电话，问他到办公室没有。张先生说快到了，可是这位"李总"接着说："我这边有两个领导，等我把领导送走后你再上来。"过了一会，张先生又接到"李总"的电话说他要给领导送礼，可是当面给领导现金领导不好意思收，就询问张先生带钱了没有。

张先生称自己身上并没有多少钱，可是"李总"让其筹集两三万块钱，并告诉他一个银行卡号，让张先生先把钱打过去，一会两人见面后再把钱还给张先生。看到领导开口借钱，作为下属的张先生感觉这是和领导拉进关系的一个机会，就没有多想将30000块钱打到"李总"给的银行账号。

大约过了半个小时，"李总"再次给张先生打电话，先是表扬了张先生能够急领导之所急，随后又问其还有没有钱，因为还需要给另外一个领导送点钱。张先生问他需要多少钱。对方说还需要两三万。张先生告诉他确实没有这么多钱了，可是对方说一万也可以。

此时，张先生赶紧有点不对劲，刚来的领导根本不认识，就接二连三地向他借钱，而且数额还不小，这有些不合常理。张先生于是给公司的其他领导打电话询问"李总"的情况，结果获知公司的"李总"在外出差，根本就不在办公室。张先生这才明白"此李总非彼李总"，就立即来到辖区派出所报案。

案例3

2015年3月2日晚上8时许，市民王女士也接到一个类似的电话就问对方是谁。"小王呀，连我的声音都听不出来了吗？我是你的领导。"对方显得有些生气。

第三章 电信诈骗

巧合的是，对方在电话中的声音与王女士的一个领导说话声音很相似。随后，对方让王女士次日到办公室找他。3月3日上午，王女士刚准备到那个领导办公室，结果那个领导打电话说有会走不开，让王女士帮忙给一个大领导送礼，但是领导不收现金，让王女士先替他转账80000元钱，下午就把钱给王女士。

王女士没有多想，就把80000元钱转给对方说的账户里面。可是，对方接着打电话说再转50000元钱，这让王女士开始怀疑了。她直接来到那个领导的办公室，获知根本就没给她打电话。王女士这才明白自己被骗了。

案例4

赵先生是南京一家大型连锁企业下属某门店的店长。就在上周五早上，他突然接到一个"领导"的电话，电话一接通，对方就语气生硬地说道："你是赵某某店长么，今天下午一点半，你来总公司找我一趟。"疑惑不解的赵先生便问："我是赵某某，请问您是哪位老总啊？""我是谁你都不知道啊，不想干了！"说完，口气霸道的"领导"便挂断了电话。

挂了电话，赵先生却犯难了，该"领导"不仅能直接叫出他姓名，还能说出他所处的工作岗位，电话还是公司的固定电话号码。赵先生心想还真有可能是总公司的某位老总找他。思前想后，赵先生觉得可能是他前两天汇报过工作的那位副总打来的电话。可是为什么副总不用手机打，用公司的固定电话打呢？一开始，赵先生想到了这一点，但是后来又想，领导在办公室里肯定是用固定电话打，既然领导让自己去，那就去呗。没有进一步核实，赵先生下午就按照约定的时间赶往总公司去见那位副总。

可是就在赵先生快要到总公司的时候，这位"领导"又来电话了，他电话里称，中午在外面陪客户吃饭，为了抓住这笔业务，他想给客户一点好处，可是现在身上钱不够，希望赵先生能够马上转账到这位客户的账户上。在电话里这位"领导"保证，事情过后，这笔钱公司肯定给报销。听到"领导"

这么说,赵先生也深信不疑,立即来到银行,将自己卡中的3.8万元,分两次汇给了"领导"。可等赵先生办完这一切,到总公司汇报工作的时候,赵先生才傻了眼,公司没有一位老总打过电话给赵先生,更没有让他汇钱。

防 骗 指 南

1.对于陌生人的电话,一定要小心。如果接到"公司领导的声音都没有听出来"这种电话的时候,不要去根据声音来猜测,不要急于说出猜到对方的名字也不要透露自己更多的信息。要叫他说出自己的姓名,和你之间的关系,如果不认识的话,就立刻挂断电话。以后打过来了也不要接,可以下载安全手机卫士等手机安全软件来识别和拦截诈骗电话。

2.接到陌生人的电话,如果嫌疑人打电话过来后,说出了自己的姓名,并叫出你的名字。说自己的电话已经更改了,这个时候需要去进行声音比对,看声音能不能与电话那头对得上,如果对不上,马上挂断电话。如果声音相似,对方说以前的号码不用了,用现在这个号码,把以前的号码给删了。这样一来,事主便会完全相信其身份。这个时候,不要轻易去相信他。而是在与他结束通话之后,再拨打以前的电话号码,确认下是不是同一个人。

3.冒充领导进行诈骗,打电话的时间也多选择在晚饭过后的一两个小时。在事主看来,能拿到自己联系方式的人,不是平级,就是上司,自然就不敢怠慢,也不好拒绝对方的要求,又害怕猜错引起尴尬。再加上酒足饭饱以后,反应会比平时迟钝一些,经常在这个时候就会根据声音猜出领导并说出领导的名字。不知正好上了骗子的当。

4.可以虚设身份反试探。对于不明身份的来电,千万不要随便去猜,最好直接挂电话,什么也不搭理。如果实在拉不下面子,可以虚设一个身份对对方,故意猜这个身份,试探对方究竟是不是熟人。比方说,对方打来电话,说是"公司领导的声音都没猜出来",通过声音显示很像公司领导王总,这时故意说是公司没有的领导,如谢总,看下对方的什么反应。如果对方说"是",那就证明对方是骗人的,因为公司里根本没有这个人。

5.接到对方电话的时候,不慎将领导的名字脱口而出,接着可以通过多种方式进行再次确认,比如可以委婉地多问几个关于公司的人和事情,通过询问对方一些小问题,设法核实对方身份的真实性。

6.如果在对方能够叫出自己的名字,而且也能通过一些小问题的询问。然后在电话中,提出急需用钱的"紧急情况",也可及时与当地医院或公安机关联系,也可以咨询下周围的朋友,核查对方所说事情的缘由的真伪。如果确认对方诈骗,要及时报警。

7.在上网的时候,不过是在逛论坛、博客、购物网站,一定要预防个人信息的泄漏,谨慎对待各类电话问卷调查,因为一些诈骗犯会假借问卷调查的名义,套取个人信息,然后再进行诈骗。

快递签收

目前快递签收型诈骗主要有以下三种情况。

骗局一：栽赃陷害型

骗子先打电话自称是快递公司人员，告诉你有快递物品，但由于天气潮湿看不清具体地址、

姓名，只知道电话，请你提供地址、姓名。然后就有快递公司投递人员上门送来物品，一般会是假烟假酒，请你签收。看到有东西送来，许多人便不问来处，随意签收。只要你一旦签收，随后就会有人打电话告诉你：快递你已经收了，必须按他们给出的银行账户汇钱，一般索要数万元，如果你不肯给，便有讨债公司或社会上不良人员上门骚扰。

骗局二：内鬼使诈型

"快递员"从中使诈。曾经有一位女士网购了化妆品，在收到包裹支付邮费后，较为大意没有检查，当打开包裹时，发现自己购买的高级化妆品竟是6瓶廉价的润肤甘油，在与厂家联系后，双方协议，再发一次货。当包裹再次送来时，这位女士的先生当面打开了包裹，发现仍是假货，随即抓住了准备逃跑的快递员。据这位"快递员"说，自己根本就不是快递员，他受雇于某快递公司员工，而该员工则利用工作之便，将客户的真包裹以拒收为由退回，再拿着假包裹去诈骗客户的货款及邮费。

第三章 电信诈骗

骗局三：自导自演型

骗子先以邮政工作人员身份，给受骗人打电话（或是语音电话、人工电话、短信），告知受骗人有包裹，因为内有毒品等违禁品被警方查扣，并提供一个警方电话，让受害人与警方联系。

案例 1

28岁的甘肃人杨小姐，租住在泉州市区城东街道某住宅小区18楼，经营着一家茶叶店。

2016年2月29日下午3时许，杨小姐接到一名"快递员"的来电说，因杨小姐的收件地址字迹模糊，特意打电话询问地址。杨小姐也没多想，就把地址告诉了对方。

3月1日18时许，"快递员"打来电话说送件，不在家中的杨小姐表示，由小区物业代收，但"快递员"坚持，这封包裹需要亲自签收。二人约定在3月2日上午收送件。

3月2日上午10点40分左右，这位"快递员"准时来送件。据杨小姐事后回忆，这个男子身高不到1.7米，戴着白色鸭舌帽，穿着黑色夹克，不到40岁的模样。

二人站在租房门口，"白帽男"递给小杨一张意见单，让小杨填写。意见单的内容为："……为感谢老顾客，本店现赠送您一罐××腰果酥……"杨小姐拿到礼品，并填写自己姓名时，"白帽男"称要送件便离开了。

男子前脚刚走，杨小姐立马收到一个"152"开头的号码来电。通话中，对方自称是中通快递总部，快递员送错了地址，请快递员接听电话。此时，刚离开的"白帽男"又匆匆赶了回来，有点警惕的杨小姐当即回复"我让快递员自己打给总部"。

"白帽男"在手机上按了一会儿，苦着脸求杨小姐，声称自己手机没信号，想借手机打个电话。杨小姐想了一下，最终还是热心地把手机借了出去。

在男子打电话时,杨小姐表示,曾听到短信提示声。"白帽男"在归还手机时,特意又瞟了一眼手机,便立即快步离开。"快递你不拿吗?"杨小姐特意追问了一句,对方边走边回答,"快件没有寄错"。

拿回手机的杨小姐,立马发现刚刚银行客服发来的转账验证码和被转走34500元的短信提示。杨小姐立即向银行证实,在得知钱款确实已被转走后,意识到已经被骗的她立即报了警。

案例2

2016年3月,在北京海淀上班的唐女士报警,称手机网银被莫名转走了12万元。

办案民警了解到,事发时一名快递员给唐女士打电话,让她下楼取包裹时,称手机没电了借用唐女士的手机。唐女士拿着包裹回到单位后,发现手机SIM卡没了。紧接着,唐女士手机上的银行APP不断有消息提示,短短的几分钟内,她卡里的12万元已经被转走。

唐女士回忆,事发前几天,曾有自称快递公司的男子打电话给她,说她有个快递包裹地址不详,让她重新说一下。将整个事情串起来一遍,唐女士觉得不对劲,于是马上报警。

唐女士说,"当快递员让我说一下详细地址时,我当时根本没起疑心,因为我老在网上买东西,所以就没当回事,就向对方提供了自己的地址。"

后来一天的中午,唐女士在办公室接到电话,对方说是中通快递员让她取件,"快递员戴着帽子,我当时也没看清他长什么样。他递过来一个单子,让我填满意度评价,我想都没想就接过来准备填,"唐女士说,"我填单子的时候手机响了,对方说中通公司的,有急事找快递员,但他的手机始终打不通,如果他正给我派件,希望叫他听下电话。"

"因为当时在我单位,我也没多想就把手机递给了快递员,也就一两分钟的事,我也填完了单子,快递员把手机递给我,我拿着包裹就上楼了。"

唐女士说，回单位发现手机关机了，打开手机后发现SIM卡不见了。

而拆开包裹，里面有一包糖，唐女士正在纳闷是不是送错了，这时，她收到多笔银行出账记录，总共被刷了12万元。

3月5日凌晨，民警在天津涉事酒店将林某、郭某、施某3名嫌疑人抓获，现场起获盗取的10万多元现金，仍有2万元现金在嫌疑人银行卡内，警方将其冻结。

案例3

某日中午，张先生忙完手中的事儿后，收拾东西准备下班时，接到某快递配送员的电话，"是张先生吗，你有一个包裹要签收，到付邮费39元。"配送员说。但因为张先生近期并没有网购任何东西，于是他便问配送员："能帮我看看是啥东西吗？我最近没有在网上买过东西啊。"

"上面写着赠送礼品，我也不知道是啥东西，你出门看下吧。"配送员说。张先生以为是亲人和朋友寄过来的礼物，但是没有告诉他，所以就出门去看了。当快递员递给张先生一个小盒子时，张先生看到上面写着代收货款39元。

张先生有点疑惑，但是仔细一想觉得不对劲，"我肯定自己最近没有网购过任何东西，如果是亲人和朋友寄礼物过来，肯定不会让我到付货款的。"张先生在拨打本报热线时告诉记者。张先生觉得有点不对劲，所以他告诉快递配送员能不能先拍个照问问亲人和朋友，但暂时不签收。快递配送员答应后，张先生便拍了照片，随即发给自己关系较好的朋友以及亲人进行询问，但是他们表示最近都没有给他寄过东西。

于是，张先生便打电话给某快递配送员，告诉他自己拒签这个包裹。

案例4

家住三台县城的江女士在上班时收到某快递公司送来的包裹，江女士签收了这个包裹，并按照包裹上货到付款的要求，付给快递员18元快递费，当江女士回到家中拆开包裹后才仔细一看才发现，自己上当了。

江女士在上班时接到了县城一家快递公司打来的取件提示电话，叫江女士去单位楼下取个包裹。当时，江女士并没有多想，认为可能是朋友送给自己的"七夕节"礼物，便来到了单位楼下准备把这个包裹取走，可是根据快递员的介绍，江女士才知道，这是一个代收货款的包裹，需要支付18元钱的货款才能取走，江女士误以为是快递费便支付了18元钱，当江女士回到家中打开这个包裹，看到里面是一个红色的首饰盒，首饰盒里还放着一个类似于水晶的项链，里面还包裹着一个类似黄金的小天使图案，拿手里仔细一看江女士才知道，自己肯定是被骗了。

江女士说："东西拿在手上重量特别轻，像塑料一样的东西，当时我很气愤，就把这个东西的照片发到朋友圈，结果都说没有送我这礼物。我就想我肯定是受骗了，我就在百度上面搜索了相关新闻，果然很多网友也有相似的经历。"

对于快递签收诈骗型情况，建议从以下几个方面加以防范，维护自身合法权益。

1.一旦收到邮包或快递来的物品，先当面打开查看货物后再付钱是非常必要的。如果在收货过程中发现异常等情况，网购者可以拒签快递单，并与卖家联系。

2.尽量销毁或涂抹废弃订单上的主要信息。

3.家里由老人签收快递的，子女要提醒长辈进行确认是否上网购买过相关商品。

4.遇到陌生电话时一定要引起注意，千万不要轻易将个人信息泄露出去。

5.遇到可疑情况可拨打110进行咨询或直接报警。

补办手机卡

所谓"补卡"就是犯罪嫌疑人利用伪造的受害人身份证,到通讯运营网点补办与银行卡绑定的手机卡。所谓"截码"就是犯罪嫌疑人补卡成功以后,在盗刷、盗转受害人银行卡时,利用所截获的短信等动态验证码信息,在没有银行卡密码或网银支付密码的情况下也能将钱转出。而盗刷的方式主要是通过第三方支付平台或网银转账。

总体而言,"补卡截码"的整个作案流程,见右图。

"补卡截码"作案流程

1. 窃取网民的个人身份证号、手机号、邮箱、QQ、银行卡、第三方支付平台等处的账号及密码
2. 利用搜集到的个人身份信息,制作冒用市民姓名的身份证
3. 拿着假冒的市民身份证,挂失补办手机卡
4. 盗取手机卡上绑定的网银账号,然后与邮箱、QQ、论坛等密码比对,如果密码是相同的,就窃取网银

利用身份证、银行卡等资料,办理小额贷款

 案例 1

对于北京电信用户、首都航空公司的乘务员张女士而言,她在一周内真切地感受到电信对自己生活的重要程度。2016 年 5 月 4 日下午 4 点半,正在辽宁老家休假的空姐张女士突然接到了一连串不同号码的骚扰电话。当时她并没有理会,电话不停地打,一直打到她的手机没了电为止。等再次开机后却发现,手机卡已经不能接打电话。不过,她并没太在意,以为就是电话卡出了问题。

没想到,第二天下午张女士发现自己卡里的 15 万元不翼而飞。她赶紧找

反电信互联网诈骗攻略

银行,客服称卡里的钱已被人转走,而这段时间正好是骚扰电话把她手机打到没电的时间。她急忙又给电信客服打电话,发现电话卡已经变成了空号。"电话卡明明就在我自己的手里,怎么会莫名其妙地成了空号?"

后来张馨予得知,事发当天,有人持她的身份证补办了电话卡。而后,不法分子通过补办的电话卡,利用手机银行转走了她卡里的钱。张馨予在微博上详述自己的经历,并且不断更新事件的发展情况和维权进展。面对网友提出的"炒作"质疑,她贴出了自己的工作照、立案回执、账户明细、通话记录截屏等证据。

案例2

马小军同志记得非常清楚,2015年5月5日早8点半一上班,他的手机就被各路短信狂轰滥炸,内容都是一些网站的验证码;随后,手机又被众多骚扰电话侵占。在几百条短信和全国范围内近百条座机、手机打来的骚扰电话的轰炸下,马小军的手机摸上去就跟要烫化了似的,没办法,只得关了机。

第二天上午,一条来自10086的短信引起了马小军的警觉。因为自己并没有这个业务需求,所以他怀疑有人盯上了自己的手机卡。

马小军是金融防骗卫士的脑残粉,这个公众号上每天都发布各式骗局,所以马小军对很多诈骗手段都比较了解。

为了验证自己的猜想,他马上拨打了10086,说明情况后,遵照客服人员的意见修改了北京移动官网的密码。

但是他还是继续收到10086发来的补卡信息,安全起见,马小军特意跑到附近的移动营业厅更换了新SIM卡,并按照客服建议进行了备案。

然而,马小军的这一连串行动,并没有阻止自己的手机卡被人盗补的命运。

第三章 电信诈骗

5月6日下午4点半左右,正在走廊接客户电话的时候,手机突然"失灵"了,不但无法接打还上不了网,手机信号标志也消失了。

马小军直觉这种情况还是跟手机卡可能被盗补有关,在多次重启手机无效后,他赶紧跑回办公室连上wifi,先把微信和支付宝的银行卡都解绑,然后又修改了微信和支付宝密码;之后,他检查手机银行发现,招商银行储蓄卡上一笔50000元"朝朝盈"基金被转为活期,然后显示已经有3笔分别500元、1000元、2000元转出的消费记录。

马小军抄起座机立马报警,并致电银行客服口头挂失冻结了自己的银行卡。然而就在当晚,马小军发现那张被自己清空了的招行卡的查询密码和取款密码居然都已经被改了。要不是银行卡冻结之后资金就无法支出,只能进账的话,自己的存款恐怕已经要被骗子清空了。

第二天也就是5月7日一大早,马小军跑到移动营业厅了解情况,发现就在自己的电话失灵的时间点,的确有人在某移动营业厅,用一张与马小军身份信息完全一致的临时身份证补办了他的手机卡。

案例3

2015年7月31日凌晨,段女士的手机不停接到没有主叫号码的骚扰电话上百个,拨通即挂断。这种情况一直持续到早晨,随即骚扰电话开始显示号码,接通后对方称段女士中奖得了一个电饭煲,段女士觉得是骗子,便没再理会。

在这期间,段女士收到短信提醒,有陌生人登录了她的手机营业厅。她向营业厅反映相关情况后,工作人员表示很可能有人会对其进行电信诈骗,提醒她注意相关事项。

直到8月1日中午,段女士的手机卡忽然失去信号,拨通后无人接听,再次向营业厅确认得知,她的手机卡被进行了补换卡操作,她手中的卡已经作废。

段女士本人在银行上班,对电信诈骗有一定了解。她觉得自己中招了,随后发现支付宝、电商平台、工行卡内的钱被人通过银联或者跨行汇款的方式转走,共计21700元。而她的银行卡、身份证、手机一直都在身边,没有丢失。

多次询问客服后,她发现自己的手机卡是在大兴区亦庄营业厅被人进行了补换卡操作。

案例4

家住外地的沈小姐有一天突然她发现自己手机没有信号了,等回到家换了手机之后,发现手机依然没有信号,打不出也接不到任何电话。最后,沈小姐无奈地重新补办了一张电话卡,但随后却收到了银行对账单,才发现在手机没信号的时间里,她的银行卡竟被人盗刷了26万元。

沈小姐仔细核对发现,原来是有人以她的名义,在微信和支付宝开了账号,在京东商城等消费平台上消费或提现。银行卡被盗刷的时间正是手机卡没有信号的那段时间。后来,她到通信公司营业厅询问,这才发现她手机没有信号时有人冒名补办了她的电话卡。

近期也有不少市民遭遇了类似的"怪事":一直正常使用的手机打不出也接不了电话,随后确认手机没有问题,但手机卡却成了一张无效卡。待发现后,银行卡账户里的钱或被席卷一空,或被人申请了小额贷款。

1.保护好个人信息"四大件":身份证、银行卡号、手机号和密码。

从"补卡截码"的作案手法来看,确实让人防不胜防。业内人士提醒,消费者须提高安全警惕,保护好个人信息"四大件":身份证、银行卡号、手机号和密码等重要信息。注意不要把自己的手机钱包载体(例如SIM卡、SD卡、手机等)交给他人使用;同时,消费者须注意妥善保管个人身份信息、银行卡信息、各类金融服务密码、验证码和电子令牌等;通过正规和安全的渠道下载金融服务类应用软件,谨慎连接不明网络热点或点击网站链接。

2.要尽量避免长期使用相同的密码,建议定期修改金融业务中的各类密码,两到三个月定期修改一次。

刑侦专家建议市民,不同的账号最好设置不同的密码,特别是银行密码、网银密码等,切勿和邮箱、QQ密码相同。同时,上网时不要轻易登录一些自动弹出的网站,注册相关论坛账户时,不要用和QQ、网银等账户相同的密码。

此外,提高密码复杂程度有助于加强密码安全性。尽量设置包含数字、字母、符号三种字符的登录密码,以保障自己的密码不容易被他人破解。

车票、机票退改签

网上订购返程机票，临近出发还剩几个小时突然收到"返程航班取消"的短信，需要改签。因为时间紧迫，事情紧急，赶紧联系短信上所提供的开头为"400"客服电话，不明真相的乘客，在"客服"的解释和引导下一步步走向诈骗者设好的陷阱，不仅提供了自己银行卡信息，还将银行的验证码当作机票改签的确认码发给
了诈骗者。机票改签诈骗到底是如何进行的，此类事件又是靠什么骗取乘客的信任呢？

案例1

2014年1月15日上午9点，在海口工作的黄先生接到一条航空公司发来的短信，称黄先生于16日下午乘坐海口飞往北京的航班由于机械故障已取消，需要拨打退票电话进行改签或退票。黄先生立即和短信上的电话取得了联系。按电话中的提示选择"改签"后，一位所谓的人工客服接待了黄先生，黄先生提出改签到当天晚上的航班，客服说可以，说黄先生的个人信息已与航空公司财务中心绑定，代码和个人信息都需要一致，要求黄先生必须使用网银完成退款，这样才能保障改签成功。客服让他报出自己卡内余额，说是为了避免航空公司与黄先生的经济纠纷。黄先生就跟对方说了卡上的余额。随后按照对方的要求，黄先生在电脑上先输入银行卡账号、密码，又按对方要求在付款栏输入对方提供的"验证码"。随后，客服说，验证没有成功，让黄先生进行第二次操作。当黄先生整个操作过程结束后，黄先生银行卡里钱被转走了2万元。黄先生随后拨打订机票航空公司电话，结果是黄先生第二天的航班并未取消。

案例2

罗小姐介绍，2016年5月6日上午她通过酷讯网，帮客户订购了5月14日早上7点起飞的海南航空机票，为了方便客户，罗小姐特意在联系手机一栏填上了自己的电话，随后在预订成功后，将航班信息的短信转发给客户。

然而在5月13日晚上7点多，罗小姐接到了一则来自"海南航空"客服的短信，短信中声称罗小姐预订的航班因为飞机故障取消了，如果需要改签或退票可以联系一"400"开头的电话。

罗小姐随后致电该400电话，要求将机票改签，对方自称海南航空的客服向罗小姐介绍，由于此次改签是航空公司的原因造成，航空公司会给予300元的补偿，但是改签需要20元的手续费。

罗小姐表示同意并将机票改签至同一天的8点起飞。此时客服人员表示，8点起飞的这班飞机余票已经不多了，罗小姐必须尽快转账20元手续费。

当天晚上9点，罗小姐急匆匆赶到家中，再次致电该客服人员表示希望马上改签，客服人员称罗小姐须尽快办理，否则票被抢完了，并要求罗小姐在转账过程中保持通话状态。客服人员称，为了获得300元补偿，罗小姐必须提供一份"转账交易失败凭证"。

"我当时就问他们怎么才能有这个凭证，对方说只要在我银行卡余额的基础上，加20元转给他们，这样就会造成转账失败。"罗小姐表示，当时她也没有多想，只想尽快实现机票改签，不要耽误了客户的工作。

当时罗小姐的卡上共有71627元，于是罗小姐按照对方的要求，在网上银行输入71647元转给对方账户，由于余额不足，这笔转账迅速被认定为"转账失败"，此时客服人员又表示，网络信号不太好，要求罗小姐重新转账，罗小姐不假思索地再次点击转账，然而就在罗小姐按下确认键的同时，罗小姐的手机突然出现一条短信，显示一个陌生的银行卡向她的银行卡转入40元人民币。罗小姐正在思考怎么回事，突然发现自己刚刚点击的71640元已经"成功"转入对方的账户。

当时骗子将她的7万多元转走后，又不停告知她说要将钱退回，要求她再拿出其他的银行卡来操作，并要求她去柜员机更改限额，她这才意识到自己上当受骗了，骗子不单想骗走这7万，还想让她把其他银行卡的钱转出去。她赶紧挂断了电话后报警。

案例4

小贾是西安一所高校的在校大学生。2016年8月下旬，他通过第三方平台，购买了一张从南京飞西安的机票，起飞时间是9月1日。

就在坐飞机的前一天，正在收拾行李的小贾突然收到一条陌生号码发来的短信，"尊敬的旅客您好！我们很抱歉通知：您预订2016年9月1日的航班（南京—西安）由于机械故障已取消，请收到短信后及时联系客服办理退改签业务，以免耽误您的行程！（注：改签乘客需要先支付20元改签手续费，无须承担差价，并且每位乘客将额外获得航班延误补偿金200元）。"小贾急忙拨打了短信中的退改签机票专线，对方自称是某航空公司的客服，并一口报出了小贾的姓名、电话、身份证和航班号等信息。

在确认了上述个人信息后，这名"客服"要求小贾在银行ATM机上打印改签需要的付款凭条，再带着凭条去机场柜台办理机票改签。小贾赶到银行后，按照这名"客服"的提示一步步进行操作。结果，几轮操作后，小贾卡内的6800元全部被转走，"这可是我一个学期的生活费啊，现在后悔也来不及了。"

1. 拨打客服电话

由于急于出行，或者被困机场等各种无奈，人们常常宁可信其有，或者绝大多数时候对这类诈骗信息都没持有太多的疑问。搞清楚航班的具体情况是非常必要的，这时，一定要通过官方客服电话或者官方网站了解情况，而不是拨打诈骗信息里头的电话。

2. 了解退改签流程

对航空公司退改签流程的了解有助于我们分辨出哪些是虚假的信息。如果不是航空公司本身的原因，旅客要求退改签，航空公司会根据相关条件，在必要时要求旅客需支付相应的变更费用；如果因航空公司原因导致了旅客要求退票，旅客如果退的是始发站的票，则航空公司应退还全部票款；如果旅客退的是经停地的票，航空公司应退还未使用航段的全部票款，并且均不收取退票费。

3. 汇款千万要慎重

无论是什么形式的诈骗，骗子最终的目的就是钱。一定要保持提防意识，任何情况不要点开陌生的链接，不要轻易汇款给陌生账号，不要透漏自己的身份信息和银行卡信息。正规的售票渠道或航空公司在退改签时都不会要求旅客提供银行卡信息，只要是要求旅客提供银行卡信息的，就必定是诈骗。必要的情况下，首先选择报警。

第四章
社交互联网诈骗

第四章 社交互联网诈骗

微信、QQ、微博换号

很多朋友反映遭遇这种新型的"换号骗术":被骗子假冒自己,声称换了号码,行骗自己的朋友和亲戚。

"我是××,我换号码了,你记一下我的新号码……"收到这样一个陌生号码的短信,你可能并不会在意,现在不少人有几个手机号,换个号码是很正常的事情,于是,留存下来,将陌生号码存为你熟悉的朋友名字。

过几天,这个新号码又会发来短信:在忙什么呢?有事请你帮忙。一看是手机里存的朋友或亲戚名字,热心的你也许马上会回复:什么事情需要帮忙,尽管说。

接下来,就是老套的骗局台词:"需要点钱,你资金还充裕吗?想找你借点,最晚下周还你……"或者是新的剧本"要求帮忙转账,帮忙购买机票之类的",然后就是老套路了。如果事主不打电话核实,说不定就会上当受骗。

 案例1

"我是××,本人今起启用此新号码,原号码已经停止使用,敬请惠存,收到请回复,谢谢。"这是广州市民张女士日前接到的一条短信。

· 95 ·

由于对方能准确报出张女士老板的名字，张女士未多想就把"老板"的"新号码"更新到通讯录。两天后，"老板"再次发来短信，要求张女士帮忙转账，并主动提出先将款项转到张女士银行账户。在张女士提供账号后，对方还发送网银截图证明款项已汇出。张女士见到截图便信以为真，将20000元转入对方指定账号，直到见到老板本人经核实后才发现被骗。

案例2

"任何人都可以下载你的微信头像，将自己的昵称改成你的昵称，然后再以你的名义向微信好友借钱……"这是早在去年就在朋友圈里广为流传的"防骗知识"，没想到前日，福州市民崔小姐就被以这种形式骗了12000元。

崔小姐住在洪山桥附近。11月9日晚上，她的微信突然传来好友林某的信息，问她"汇了没？"林某和崔小姐是好朋友，他们共同在一个微信群里，几天前，林某在群里当着其他群友的面提及需要向崔小姐借钱周转，因此当天晚上，对方问到钱的事情时，崔小姐就没多想，根据对方提供的支付宝账号，当即转了6000元人民币，而后又通过微信转了6000元给对方，共计12000元。并将转账记录截图发给对方。

"没想到，他在微信上说，'下次要看清楚微信号再转账，拜拜！'"崔小姐说，对方说完这句话后便将自己拉黑了，等她发现不对劲打林某电话求证时，才知道林某当天并不曾用微信要求自己转账。

案例3

30多岁的王倩是南京一家小型公司的会计，平时与外地客户都是通过QQ联系，也从来没出过什么问题。王倩此前也听说过有人通过QQ施骗，可自己怎么也没想到，这次落到自己头上。

2016年3月一个周一下午，杭州一老生意伙伴在QQ上和王倩打招呼，并催促王倩："上周对账的款麻烦帮安排早些汇来吧。"王倩表示，老总出差，

第四章 社交互联网诈骗

后天回来,对方便发消息说双方先对下账,并嘱咐王倩自己换了新账户,这次将货款打到新账户上,账主系赵某。

王倩看对账信息都能合得上,对对方身份便不疑有它,表示会"尽快办理"。时隔一天,周三下午,对方再次上线并催促王倩尽快找老总签字打款,口气急促,一天之内连连在QQ上发信息催款,并一再强调"换账号"一事,还提醒王倩打款完毕后在QQ上回个话。

见对方催得紧,王倩怕影响双方良好合作,第二天便早早地将8万元汇入对方强调的新账户中。

而王倩电话通知这位老客户注意查收款项时,客户却很意外,王倩觉得事有蹊跷,便把事情原原本本和老客户说了一遍,老客户惊呼:"我们的账户没有更改,我们近日也没有通过QQ催过款,你弄错了啊。"再三确认后,王倩才知,那个要求汇款的QQ信息并非客户所发,客户也没收到钱。此时,王倩意识到自己受骗了。于是,她立即向警方报了案。

案例4

家住渝中的陈先生听朋友说网上有人高价收购好的QQ号,于是想到手中有两个闲置的5位数QQ号,于是就在网上挂了转卖QQ号的信息。没过多久就有一网友给陈先生发了一条短信,意思是要买陈先生的QQ号,而后对方叫陈先生把QQ号的转卖信息挂在某交易平台上,称需要找一个担保人。

之后一个陌生的QQ主动加陈先生为好友,称自己是该平台的客服人员。此时陈先生还没有起疑心,双方沟通后对方叫陈先生注册一个账号,并让他往账号里充钱作为网上交易的抵押金,深信不疑的陈先生就按照对方要求将500元充值到平台账户上。但是对方说安全度不够,一边叫陈先生再充2500元,一边忽悠说账户安全度提升成功后会将卖出QQ号码的1800元和充值的钱都返还给陈先生,否则就会冻结平台里所有资金长达360天,陈先生没多想就按照对方的要求操作了。

充值完成之后,对方就发来一条条链接,点击进去都是站内信,内容是关于用陈先生的账户购买某虚拟电子产品的信息。这时,陈先生觉得有点不对劲,心想自己并没有购买该电子虚拟产品,而且过了好久对方也没有把钱返还过来。当陈先生查询账户余额后发现只剩下1元钱,这才幡然醒悟得知自己被骗。

建议用户收到这一类信息之后,不要立刻保存新手机号码作为联系人,特别是非常熟悉的亲人或好友需要第一时间电话、微信等多种方式与本人进行确认。与熟人之间涉及直接的资金来往都要特别小心,如果没有多种方式确认对方身份,都不要轻易给对方转账。

1.注意保护个人信息,防止个人信息泄漏,尽量不要在公共场所的电脑及网络上通过QQ、微博、微信等留下自己以及亲友的真实信息;小心使用手机名片标注功能,以防手机丢失时重要联系人信息被骗子盗用。

2.遇到自称变更手机号码的情况,应该直接拨打手机中存储的电话,或通过联系通讯录好友和其亲友进行甄别确认。

3.对通过电话、短信要求进行涉及资金的操作,务必保持警惕。如有必要,请与警方联系。

第四章 社交互联网诈骗

微信、QQ、微博招兼职刷客

最近,很多小伙伴都反映说看到网上有很多招聘"兼职刷单员"的信息。按照这些招聘广告上的说法,每刷一单就能拿到至少20元的报酬,如果每天闲来无事刷20单,那么月入过万完全就是轻轻松松的一件事啊。天底下果真有此等操作简单、回报丰厚的工作?

案例 1

南昌的张女士在网上看到一组招聘兼职人员的信息,上面说用业余时间刷信用就能赚钱。应聘这项工作只需要具备的几个条件:准备一个QQ号,并绑定网银、支付宝或者财付通等第三方支付软件;同时准备一部分流动资金;上午有一定的空闲时间,至于工作地点、男女性别等不限。另外,按刷信誉的商品价格计算,配有一定的报酬比例。"例如刷100~500元,报酬5元~25元一笔,刷600~900元,报酬在30~45元一笔,依次类推。"

看完这些条件,张女士觉得自己非常适合,就主动联系了对方。对方立刻提供了相应的营业执照,税务登记,工作证等信息。张女士决定试一试。按照对方的要求,张女士在网店里购买了一定数额的充值卡,并给了店主一个好评。交易完成后,张女士非常顺利地拿到了第一笔佣金。"当时花了300多元,刷完以后就连本带利返回了315元。"

尝到甜头的张女士在对方"引诱"下又接下了15单任务，在完成8单投入800元后，因没有流动资金，张女士希望客服可以把钱和佣金返还，再将剩余的7单任务完成，但客服以任务没有完成、不能结算为由拒绝返款。张女士感到有些不对劲，开始在网络上搜寻此类兼职项目的真伪特征。随后她找到了一个代刷防骗QQ群，里面的网友听了张女士的述说之后立即让她停止交易，称对方这种行为是典型的诈骗手段。

通过网友提醒，张女士发现网络上存在大量代刷信誉掉入陷阱的新闻，被骗的经历与自己的相仿，一旦按照对方的要求不断购买充值商品，最终会被骗几千到数万元不等，而且这些所谓的电话充值卡都是无效或者过期的废卡。知道自己被骗后，张女士立刻选择了报警。

案例2

福建龙岩学院专门就这类骗局发微博提醒。原来，该校一名学生应聘网络兼职，对方问了他一些网络操作方面的问题后，发来一份兼职申请表让他填写个人资料。他就这样把自己的身份证号码、银行卡号、手机号码等个人信息全部泄露给了对方。对方拿到这些资料后，迅速用其身份证和银行卡卡号开通了支付宝账户，随后，对方假说以后会将兼职的佣金打进他的银行卡内，要求他提供支付宝的验证密码。毫无防范意识的他把验证密码发给了对方。直到发现自己银行卡里的钱都被转走后，他才意识到自己遇到骗子了。

案例3

有一天，小方的一名QQ好友发来条兼职广告，称有个网站，可以"刷单返钱，薪酬丰厚"。正想赚钱的小方立马按提示加了客服QQ。"对方发来了一个链接，点进去是一个类似淘宝的购物平台，看起来挺正规的。"小方回忆。

两天内，她分三次购买了网站上的购物卡，每次花了三千多元，共近一万元。按照约定，对方收到钱后，完成刷单，会将这些钱和12%的返现奖金一起给小方。但是，等小方联系客服，要求返钱时，客服却没搭理她。

小方这才意识到自己被骗了，立即向新狮派出所报案。

案例4

"小红是一名已婚妇女，暂时没有工作。她在某QQ群看到一条广告，称只要会淘宝购物就能轻松赚钱。她打开所链接的网页。网页醒目地标着"网上兼职刷客——轻松在家做兼职——免费加入"，还称"自由兼职，一任务一结算，完成订单后5分钟左右将通过支付宝或网银打款到指定账号上"。

招聘要求为：有网络购物经验和购物网站的账号；有网银、支付宝、财付通其中之一，且账户上有300元以上的流动资金（说明：300元资金用来网购刷单，即是刷信誉，一任务一结算，反复刷单）。应聘者要在网络交易平台（如淘宝、拍拍、联通商城、骏网商城等）上，刷交易量、信誉度，拍宝贝给好评。

宣传网页上强调这份工作为自由兼职，"要做才有佣金"，佣金的比例是刷1000元以上的订单可获得6%的佣金；刷301～400元的任务，佣金为15元／笔；刷401～500元任务，佣金为20元／笔；刷501～900元任务，佣金为30元／笔。并特别强调每天限制20单，刷满20单就可保证每天最低收入300元。小红看到收入如此高，感觉也不难，便动心了。

虽然她怀疑网络兼职刷信誉是真的吗？但小红还是在群里表达了应聘意愿，发广告的人马上以"客服"的名义加了小红为好友。这名"客服晓晓"耐心地回答小红的各种问题，最后还发了一张"项目申请表"，称只有填过这张表，才有资格做这份兼职刷客的工作。

"我当时就被她弄晕了，觉得她细致、耐心，又让填表什么的，感觉挺正规，所以一直没意识到这是个骗局。"小红说。

小红的772元钱是如何被骗走的？小红提供了她和"客服晓晓"的聊天记录，记者整理她被骗的过程。第一步："客服晓晓"先让小红存了400元进去，然后教她怎么去操作；第二步：小红先扮买家支付完后刷一次好评，但"客服晓晓"说商家说这次代刷要操作两次，让她再操作多一次；小红虽有疑虑，但是在对方一番口舌下便照做了；第三步："客服晓晓"一直继续劝小红再存钱，称以后会把本金与佣金一块返还，这时的小红已进退两难，只好再存372元；第四步："客服晓晓"说小红交易超时，商家没收单子，让她再拍多一次才能把本金与佣金一块返还。

这时，小红意识到有可能上当了，便再也不肯汇钱，还叫"客服晓晓"退款。"客服晓晓"不肯，小红无法拿回钱了。

防骗指南

1.虚拟单不做。淘宝购物规则虚拟单是无法退货退款的，如果遇到这种的基本都是骗子！

2.直接发送链接的不做。这种直接发送链接的都是骗子，仿造正规购物商城页面，让你输入自己的个人信息，然后盗取你的钱财。

3.免费的不做。大家一定要记住天下没有免费的午餐，不会掉什么馅饼让你来吃，要是真有免费的，那么平台雇佣的大量的工作人员，他们也是来赚钱养家糊口的，没有义务提供无偿服务。马云也说了，免费是世界上最昂贵的东西。

4.需要流动资金的不做。一般正规平台都是以远程单、代付单等品种为主，也有小额垫付单，但是一些骗子会让你垫付上千元的流动资金，然后把本金和佣金一起给你，这种基本都是骗子。

5.高佣金单不做。一些骗子会打着佣金几十块，几百块的旗号行骗，如果真有这种好事，那中国十几亿人口为什么都还上班，都来干这个得了。

第四章　社交互联网诈骗

微信点赞骗局

在智能手机普及的今天，不管走到哪里都会看到市民埋头玩手机聊微信，而从最近开始，微信"点赞"的活动越来越多。不少商家开始推出各种促销活动，例如只要征集若干个"赞"，就可以获得各种小礼品或优惠券等。然而，最近不少市民发现，有的商家发布的"点赞"活动竟是骗局。

案例1

广州市花都区市民黄小姐是一名大一学生。2015年3月5日，她在微信朋友圈中看到了点赞可以赚钱的信息，是一个关系很好的朋友发的。她通过朋友的介绍加了一个管理员的微信号。

该管理员表示接受点赞任务，需要先要交200元入会费，这是"每天帮结算工资的管理费"，这样才能进入VIP群，入群后，管理员才会给分配兼职工作，主要就是转发一些广告，给这些广告点赞。

该管理员为了打消黄小姐的顾虑，还特别解释了为何收取这200元入会费。该管理员称，其中100元是要给介绍人的。"这是公司为了更快招收兼职员的激励机制。兼职员多了才可以向那些企业、房地产商、集团多收取费用。剩下100元是给集团员工的工资。现在集团有3000多人兼职，每人最低按

20元费用计算,集团一天最低开支已经有6万了。"

黄小姐见该管理员有问有答,解释还这样"真诚",就打消了疑虑。黄小姐按照要求给一个名称为"范有福"的支付宝账号转了200元,然后截图给了该管理员。该管理员把黄小姐拉入一个VIP群。没想到,这是掉入陷阱的第一步。

加入VIP点赞群后,有管理员就公布了公司规定。"据公司规定,一个赞0.5元,转发一次1元。多劳多得,永不封顶。今天点完赞,佣金集团财务明天就同意转到个人账户。同时,入群的人每介绍一位朋友做集团兼职并教会新人,集团将给予100元业绩奖励。"小黄还在自己朋友圈分享了这一"兼职"信息。

入会第一天,黄小姐共转发了5次公司广告,第二天,管理员果然通过微信转账给了她5元佣金。就在黄小姐开心的时候,小黄突然被对方移出了微信群,当她再次加入群时,却被拒绝了,她才意识到这是个骗局。

"我想找他们说理,可根本就联系不上了。"黄小姐的几个朋友也被骗了,一个朋友缴纳了200元的入会费后,一个任务都没接到,就被从群里踢了出来。虽被骗了200元,但最难过的是"坑"了自己的朋友。

案例2

在莒县某镇,很多人听朋友说点赞能挣钱,便纷纷加入了"点赞大军"。

"有朋友介绍我说,可以投资199,每天只是点赞,10个赞,每天下午可以发20块钱工资。如果能拉一个人进来,就能给50块钱。开始的时候没打算做,后来看他们每天都有收入,也挺好的。"莒县网友小刘开始"点赞"挣钱。"点个赞就能挣20块钱,我想着在家也没事,拿着手机也就是玩。我说不大可能吧,他说是真的,你加上试试。我就寻思也就199,跟他在一块很好。"

经不住拿到钱的朋友每天各种晒福利,再想想这投的钱也不多,不少人都心动了,有的人还发动身边的朋友,也有人多注册了几个微信账号。"我进去的时候有一个星期了吧,26号。我交了1000块钱,返了200,还有

第四章 社交互联网诈骗

300，提成50，这五个就是250，还有一个就是300，300之后再加几天的工资。"

拉一个人头能挣50，每天点赞还能挣20元工资。看着身边朋友都在挣钱，又有很多人加了进来。可是，前两天下午到了该发工资的时间了，大家伙左等右等也没等来工资，却等来了微信点赞群的解散。"每天下午6点到8点发工资，我们都到了6点半以后了，我们里边有一个财务，财务就是给我们发工资的人，她说等一下我建个新群，你们都到新群来吧！到了6点45左右，大家就议论起来了，到6点48左右，这个群就全部都散了。散了之后再联系不上了，加微信也加不上了。"

发现不对劲，大家伙才意识到是上当了，这时才想起来报警。在夏庄派出所，记者看到，前来报警的就有十多个，以女性为主。大伙说，被骗的大多是莒县的，也有一些外地的。"我进去的时候有136个人，等到解散的时候有486个人。这样算的话，每天都能增加100个人左右吧！"

案例3

如果手机短信上收到"你中了iPhone5s大奖"的消息，你可能不会相信。目前，通过自己集赞的方式被"抽取到中奖"，成为一些不法分子的新骗术。据了解，日前，温州的黄先生就遇到了这种情况，对方声称只要集齐36个赞，就有可能抽到iPhone5s，黄先生集齐了点赞数发过去之后，对方发回消息说黄先生中了大奖，奖品就是一台iPhone5s，但是需要支付22元快递费用。黄先生说："我开始琢磨着该不会遇到了老套的骗局吧？但转念一想，邮费才22元，最后还是给对方打了钱过去。"结果对方再无反应，黄先生也知道自己上当受骗了。

据了解，除了要求"中奖者"先汇出"运费"，也有要求汇出"税金"等说法。此外，还有不法分子通过微信点赞获取网友的个人信息，然后通过这些个人信息来实施诈骗，更让人防不胜防。

案例4

近日,一个名为"港澳双人游"微信公共号发布信息:"只要转发本条内容至您的微信朋友圈,并关注本微信,累积获得28个赞即可获得本公司赠送的免费旅游。"网友阿华通过这次的"集赞"获得了免费游香港的机会,但这次出游让她大呼上当。"约好上午9点在深圳皇岗口岸集合,直到11点才有人过来接。"阿华说,接待他们的是一名自称来自旅行社的工作人员,旅游大巴进入香港后,直接开到距离口岸不远的一家海参店停留了40分钟,导游要求游客购买海参口服液。随后两天,旅游团每天都安排了购物点。

现在这种诈骗方法最多,一种诈骗是说集满多少个赞就可以获得什么礼品或是优惠,实际等您集满了要求的那么多赞,去兑换礼品或是领取免费消费卡时,发现拿到手的奖励"缩水"了。另一种诈骗是有的商家发布"点赞"信息时,就留了"后手",并不透露商家具体位置,而是写着电话通知,要求参与者将自己的电话和姓名发到微信平台,一旦所征集的信息数量够多了,这种"皮包"网站就会自动消失,目的是套取更多人的真实的个人信息。

对这种点赞的信息还是先查证一下,打个电话先咨询一下,必要的时候可以把咨询答复录下来,防止商家到最后"赖账",也可以直接实地去看一下,眼见为实还是很有必要的。

由于微信点赞营销是近段时间才兴起的,目前还没有一套完整的规章制度。建议消费者参加此类点赞活动时,要注意四方面问题:一是不能贪图小利,注意保护手机存储的银行账号、电话等个人信息;二是最好选择信誉较高的企业及本地企业,如发生消费纠纷,维权较容易;三是详细阅读活动的内容,尤其是活动有效期、参与细则、兑换方式及限制条款等;四是集满"赞"后,要通过转存、收藏、截图等形式保留证据,如发生纠纷,可通过投诉、举报等方式维权。

第四章 社交互联网诈骗

微信摇一摇交友

随着微信的普及应用,办公用微信交流的越来越多,方便快捷的微信给大家提供了多种方便。然而社会上也有一些心术不正的人盯上了微信,利用它开展各种诈骗行为。微信摇一摇是微信推出的一个随机交友应用,通过摇手机或点击按钮模拟摇一摇,可以匹配到同一时段触发该功能的微信用户,从而增加用户间的互动和微信黏度。

案例1

小梅是个微商。2016年9月27日,小梅闲来无事就玩起了微信,没想到有人通过"附近的人"搜到了她,加为好友后发现,这个男生不仅是个80后帅小伙,还是其同乡。虽然是网上初识的陌生人,但是小梅没想到与这个小伙一见如故,聊起天来有说不完的话题。小伙子自称"陈某",是北流市某乡镇人士,从事二手车买卖行业,家里很有钱,有名跑车、有私人楼房,还在银行存有几百万定期存款,每个月13日下午就可以到银行领利息。小梅通过进一步聊天得知,"陈某"虽然事业有成,但是尚未结婚,也从未谈过恋爱。"陈某"表现得总是很绅士,小梅对这个从天而降的"高富帅"心生信任,短短几天就发展成无话不说的好友。

"陈某"常在微信上和小梅聊天,对小梅的事事无巨细都很关心,处处表现出很体贴的样子,还经常夸赞小梅性格好、脾气好、有女人味。"陈某"很健谈,小梅觉得,对方似乎很真诚,对她有点情意。小梅虽然已是有夫之妇,但是面对婚姻生活的平淡,面对柴米油盐的现实,已经让她对婚姻生活难起一丝波澜。而"陈某"的出现,让她的生活重新有了阳光般的温暖。

相识第三天,"陈某"对小梅称其急用钱,微信上也没有现金了,叫小梅先借给他500元,三小时后归还。小梅没有多想,立即微信转账500元给"陈某"。"陈某"三小时后果然如约归还。"陈某"这个守约行为加深了小梅对其的信任。当天晚上,"陈某"以朋友出车祸为由又向小梅借钱,小梅通过微信又给"陈某"转账3000元。此后,这个自称是二手车行老板的"陈某"以朋友出事、自己需用钱财摆平相亲女子、本人受伤需要手术费等理由,在不到一个月的时间里,通过手机微信转账合计11098元、现金交付1200元等方式,先后9次"借走"了小梅共计12798元的财物。小梅后来多次催"陈某"还钱,"陈某"都是以各种理由推脱。

小梅因为"陈某",开始和家人有所疏离,她的一系列反常行为,家人早已发现。在家人的耐心劝说下,小梅心里开始动摇,而且对"陈某"这个大老板居然连一万多元都不还也产生了怀疑。她辗转找到了"陈某"自称所在自然村的微信群,把"陈某"的照片发到了村里的微信群,结果群友告知此"陈某"的真实身份是何某,是村里人,却不是其所称的生产队,而是另一个生产队的人。小梅知道后马上在电话里质问,何某见谎言已被拆穿,把小梅电话挂断后,再也不接小梅电话。小梅回想这一个月来的经历,越想越不对劲,这才意识到自己可能被骗了,于是到公安机关报警。

案例2

2016年6月,陈某化名"王子清",通过微信"摇一摇"认识杨某。两人在微信中聊得很投机,过了没几天,两人相约见面,很快,两人便以男女朋友相称。8月份的一天,杨某到陈某宿舍,两人喝酒聊天。其间,陈某称一个朋友喝酒没带钱,要去帮其买单,但身上没钱,找杨某"借"。杨某将自己的银行卡与密码交给陈某,陈某取走杨某卡内的5500多元。随后,陈某删除杨某微信,消失了。

2016年8月,陈某故伎重施,与女孩孙某交往。两人在一次约会吃饭时,陈某借孙某的手机接打电话,跑出去后就再未出现。

案例3

2013年8月8日,南营门派出所获悉一条重要线索,一男子利用网络微信介绍女子交友的诈骗活动。

据男子王先生报案说,前几天,有一位女子主动在网上加他为微信好友,他查看了一下对方的头像,发现这竟是一位美女。于是,便和女子聊起天来。女子告诉他自己名叫莉莉,是黑龙江人,今年20岁。聊天过程中,莉莉还多次用挑逗性的语言试探他,聊了几天,莉莉主动提出想要见面,王先生立马就应允了。见面当天,女子把王先生带进一家酒店,在房间里,大方的莉莉还给王先生按摩起来,之后,没想到莉莉对王先生来了一个狮子大开口,要王先生付款800元,王先生十分反感,准备离开房间。可是此时,门外来了一位男子,要求王先生交钱了事,王先生担心有危险只得交了钱。

案例4

2014年7月,家住河北省沧州的苏某某通过微信搜索"附近的人"的功能结识了石某。当时,苏某某谎称自己叫"苏磊",是一名大货车司机。双方熟识之后,苏某某分别以小孩生病、被人追债等借口从石某处骗取人民币共1.75万元,后来他一直没有还钱,也不再与石某联系。

2014年11月,苏某某又通过微信搜索"附近的人"方式,在阜阳市颍州区结识了李某某。苏某某继续化名"苏磊",并谎称他的姨夫是北京军区医生,能治好李某某腿部的残疾,还称会与李某某结婚。取得李某某信任后,他多次以修车、买工地材料、买车等借口从李某某处骗取人民币5.4万元。

2015年4月,苏某某再次通过微信搜索"附近的人"的方式,在颍泉区临沂商城附近结识路某某,依旧使用化名"苏磊"与路某某聊天并交往,并许诺会跟她结婚。在取得路某某信任之后,苏某某多次以修车、买材料、还钱为借口,从路某某处骗取人民币4.4万元。

案例5

34岁的瑞安人杨女士,经营一家服装店。2016年3月初看店时,杨女士打开微信,发现通讯录有一位待添加好友,点击看到留言:"有缘的人,我们可以聊聊天吗?"署名为"天涯孤旅"。

杨女士以"冰冷的心"为名回传了一条信息。就这样,两人一来二去逐渐发展到无话不谈。"天涯孤旅"在杨女士心中成了一个知情知性的蓝颜。他告诉杨女士自己叫江小龙,拥有一个资产千万元的建筑公司,忙于事业至今单身。此时杨女士的婚姻正遭遇危机,丈夫经常夜不归宿,两人只差把离婚说出口了。江小龙及时的嘘寒问暖让她觉得很温暖。

2016年3月中旬,江小龙提出两人在上海相见。见面时,杨女士见他开着宝马车、穿戴名牌、谈吐得体,对他本有着的一点戒心都没了。内心欢喜甜蜜的杨女士甚至接受了江小龙的求婚,答应回去办完离婚手续就跟他结婚。在上海住了两晚后,江小龙称有急事匆匆离开。

此后,江小龙突然失去音信。一周后,他才回复杨女士的电话,称公司出了点事,资金周转出问题,需要借8万元给工人发工资。对他深信不疑的杨女士立马汇了8万元。可没过两天,江小龙又发来信息,称看上一块地皮,需要钱打点关系,让杨女士再汇10万元现金,她又如数奉上;他又称需要筹一笔周转资金,正打算卖掉宝马,杨女士不忍心又汇了一笔钱……截至4月上旬,杨女士现金汇出40多万元,信用卡还被他恶意透支资金10多万元。

其间,江小龙不断哄她开心,称公司渡过这次难关,就跟她登记结婚,去东南亚蜜月。为此,原本跟丈夫已经貌合神离的她果断选择协议离婚,为此还忍痛答应将儿子的抚养权给了丈夫。

遇到陌生人不可随意轻信和盲从。对于表面上讲"感情"的诈骗分子,若是提出钱财方面的要求,切不可被感情的表象所蒙蔽。使用微信等社交软件交友时要保持警惕,提高防范意识,不要轻易见面。若见面,地点最好在繁华场所,并注意手机、钱包等贵重物品贴身存放。

微信、微博爱心捐款

在微信的朋友圈里，帮宝宝投票、爱心筹款、拼团购物等看似优惠或献爱心的活动方式逐渐兴起，呈现多元化发展态势。网上慈善募捐在让善心之举惠及更多人的同时，也被不少骗子盯上了。

案例1

2014年8月3日，云南鲁甸发生6.5级地震。面对天灾，社会各界爱心人士积极捐钱、捐物，帮助受灾地区群众渡过难关。但是，一些不法分子打着"救灾"的旗号，利用微信发布"爱心捐助"信息进行诈骗。此外，还有一些不法分子冒充捐助机构设立虚假捐助项目，以受害人接受捐助需缴纳手续费、公证费等名义实施诈骗。2015年11月1日，江苏常州的胡女士通过微信"附近的人"加了一网友，而这个人实际上是利用微信虚构"爱心捐助"的骗子。骗子称自己掌握50万元可供捐助的资金，但接受捐助的人需缴纳手续费、公证费等，由此共诈骗胡女士"手续费"6500元、"公证费"1万元。

案例2

卢女士在自己微信朋友圈里看到了一位微信名叫"欧阳大善人"的人。

第四章 社交互联网诈骗

他经常发一些筹款捐助贫困地区的事情,并且配上了山区的照片、文字,还有别人募捐的图文情况。有时他还拿出自己的钱来返还给那些通过他捐款做善事的人。渐渐地,卢女士也萌生了捐款的念头。

2014年10月11日,卢女士通过微信和"欧阳大善人"联系,咨询捐款的真假。"欧阳大善人"很肯定地告诉卢女士是真的,并且表示他正在筹集一笔给贫困地区的善款。之后,卢女士咨询的其他问题也都得到了"欧阳大善人"的耐心解答,这彻底打消了她原本的一些怀疑。

于是,卢女士通过微信转账向对方转了1800元。"欧阳大善人"接到爱心款后,让卢女士再捐888元,图个吉利,也方便他截图发朋友圈。卢女士不疑有他,随即又通过微信转了888元。

等到四天后,她想问问募捐的情况,却发现对方将她拉黑了。卢女士这才发现自己上了骗子的当,赶紧报了警。

案例3

赵建民在一位远房亲戚的劝说下,加入一个微信群。该亲戚声称,微信群里会分发一笔巨额善款给持有残疾证的人,每个人最多可以得到100万元人民币。

赵建民并非残疾人,开始也并不相信天上会掉"馅饼",但这位亲戚声称自己在省残疾人协会担任副会长职务,可以帮他办理残疾证,并信誓旦旦地表示自己已取得了中央某领导的授权,就是为了把这笔慈善款分发给贫困人员才建立的这个微信群。

考虑到这位亲戚常年在外、见多识广,再加上赵建民认为,作为亲戚应该不会骗自己,他便逐渐放下了戒备。在缴纳了36元入群费、并按要求把银行卡账号和身份证号都发给这位亲戚后,赵建民被拉进了一个拥有149名成员的微信群里。

入群后,赵建民按照群规,把头像换成了他本人的红底证件照,并按照"姓名+手机号+所在省份+拉自己进群的成员姓名"的格式修改了群昵称。

赵建民注意到,入群后,管理员并没有查验审核残疾证的真假,是否持有残疾证和能够入群之间并没有直接关联,管理员只是反复要求群成员提交姓名、年龄、身份证号码、电话号码、银行卡号等多项个人信息,群内成员大多也积极配合,"因为管理员称,收集这些信息是为了统计资料,便于百万善款的发放"。

此外,管理员还多次鼓动群成员推荐身边的贫困人员加入"百万扶贫慈善基金群",让更多的人受到资助。

据赵建民介绍,除了收集群成员信息外,管理员经常在群内分享爱国、做善事、抵制外国货的链接和图片,为了提高群成员的爱国意识,每天早上群里都要举行"升旗仪式",管理员会发送一张缓缓飘动的动态国旗图片,并在群里播放国歌。

在"百万善款"和"爱国"情怀的共同激励下,群里每天都有新人加进来。"群里的大多数人都是刚刚接触网络的农村中年人,文化水平普遍不高。"赵建民回忆。

接着,让赵建民没想到的是,善款还没有发放,管理员倒开始收费了:"这笔巨额的海外资产需要解冻,解冻费用交得越多的成员,解冻后得到的善款数额也就越大。"

经过女儿的提醒,赵建民有所警觉,一直没有交这笔费用。

案例4

2016年4月,大连重度烧伤小伙尹峰在微信朋友圈引发广泛关注,2天时间,尹峰的同事和朋友发动各种社会力量为其筹集善款100万元。不过由于病情恶化,尹峰还是不幸去世,他的家人则将捐款原路退回。

相比之下,也存在通过朋友圈募集的善款被滥用的情况。去年12月,广东佛山卢兆泉在朋友圈"轻松筹"上女儿治疗费约10万元。遗憾的是,孩子因治疗无效去世,卢兆泉用剩余善款中的1.3万元,和妻子一道去西藏为女儿"做法事"。春节期间,卢兆泉在朋友圈晒出马来西亚度假照,引发轩然大波,纷纷觉得自己不仅被骗了钱财,还被欺骗了感情。

1.不要随意添加陌生人的微信,因为你的个人信息可能被对方所获悉,你的头像和生活上的照片有可能被犯罪分子利用。

2.养成给微信账号备注朋友名称的习惯,这样不管对方怎么更改头像和名字都可以准确识别真假。

3.最关键的一点,涉及金钱往来的信息需谨慎,要和当事人联系确认后再进行转账,也可要求对方进行语音沟通以验证身份。

4.对微信信息应提高警惕,不轻信、不贪心、重核实。公众作为信息接受者和传播者,要提高辨识能力,不要轻易转发、传播未经核实的信息。

直播间骗局

随着网络直播市场的迅猛发展,一大批网络直播平台借此崛起,"直播"在微博、微信之后,成为内容创业者们"暴走"的新阵地。各式各样的"网红"主播吸引了众多拥趸。骗子瞄上现在十分火爆的网络直播平台,以直播平台刷单为由展开诈骗。

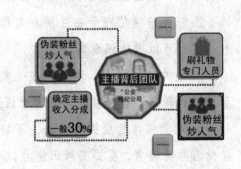

案例1

"本想着将炒股赔掉的钱通过这个'现货原油'挣回来,谁知遇到骗子公司,利用完全封闭的对赌式操作,害我把10万多元的本钱赔个精光。"广州市天河区市民严阿姨报料称,最近三四个月以来,一个名叫"上海××联合金属交易中心"的平台让她血本无归。记者调查发现,该平台涉及非法期货交易,大肆通过互联网、电话等拉人头开户的方式忽悠市民投资。

"一开始没想着继续投资,结果是同事介绍这款软件给我,说可以先不开户不投钱进去,先在直播间里听听'老师'讲课。"回忆起金钱损失的过程,市民严阿姨说,当时她抱着只听课、先了解了解的想法加入了网络直播间。

第四章 社交互联网诈骗

"在网络上直播的老师会一直引导你做原油,只说收益如何高,从不说风险。"严阿姨说,直播间里除了周末两天没有"老师"讲课外,从周一到周五,早晨7时到第二天的凌晨三四时都有不同的"老师"轮番讲课,分析当天国际原油市场行情,还会明确告诉你何时做多、何时做空,"止盈可以无限大,止损可以设10%,这样就非常安全和可靠"。就这样,严阿姨终于动心了,在一名自称"五星客服"陈飞的指导下,在该软件平台上开了户。

将第一笔5万元转进××联合的账户上时,严阿姨非常谨慎,除了凌晨4点半收盘后眯一会儿之外,她几乎全天都在网络直播间里,一边认真听"老师"的指引做笔记,一边仔细研究软件上的K线图、分时图等指标。

"我第一次交易是去年12月份,当时听从'老师'的建议,逢高建仓买了看跌的10手××油100桶,很快行情下跌了两三个点位,这样我一桶就赚了几千元。"至于具体赚了多少,严阿姨表示自己并不会算,"这个交易规则很麻烦,除了点差之外,还有手续费、委托点差、延期费(过夜费)等交易费用。"

尝到了几次甜头后的严阿姨逐渐放心,又陆续将几个月的工资转进了该交易软件的账户中。就在严阿姨满心欢喜地看着自己赚了将近三万元的时候,事情发生了转折。据她回忆,当时新闻里有几次国际上的原油数据公布,按照严阿姨的想法应该是买多,但是"老师"却在讲课中明确表示要做空。严阿姨和另外几名客户听从了"老师"的建议做空,而接下来的行情却是继续走高。眼看着自己账户里的钱随着行情的走高几千元几千元地缩水,严阿姨非常惊慌,多次在QQ上寻求"老师"指导,可一向实时在线的"老师"却没有及时回复她,往往是10时在QQ上询问"老师",到了晚上"老师"才回复她。

"老师"的接连几次"判断失误"使得严阿姨账户资金仅余两千多元,但"老师"要她重仓满仓,说坚持下来肯定回本,严阿姨开始向亲戚借钱继续炒原油。

2月下旬，她和几位相熟的客户在QQ上聊天时，意外得知他们这批客户中没有一个赚钱的，亏得最多的一位客户亏损达到了30多万元。其中一位客户发现，他们使用的"××联合"操作软件中的数据和其他平台的数据都不一致。蹊跷的是，没有"老师"出来回应，而是直接将这位客户踢出了直播间。此时，严阿姨才意识到自己可能上当受骗。

案例 2

扬州宝应的小刘喜欢看网络直播。2016年3月7日，看网络直播时，页面跳出广告"手机兼职"，他点开了页面，一名自称李经理的主管表示小刘可以做直播刷热度兼职，既能赚钱又不耽误看直播。直播刷热度非常简单，只要小刘像平时一样充金币、刷礼物就行了。直播结束后，不仅充的钱全部返还，还有高额返利。

小刘表示愿意做，在李经理的指示下，他登录对方发来的网页链接，用支付宝分两次，将1198元转到指定的账户。转完钱小刘发现李经理无法联系上了，连对方的直播间都上不去。

3月1日，宿迁的潘先生在某直播平台加了一个QQ好友，对方问潘先生要不要做直播刷单业务。潘先生觉得既不耽误看直播又能赚钱，何乐而不为。随后，对方通过QQ发了一个网址链接，潘先生点击后直接进入支付宝界面。对方表示，整个操作过程有些复杂，让潘先生开启远程控制程序，他来"手把手"远程教学。潘先生当即答应，很快他的手机上收到验证码，他按对方指示输入。对方操作完后，潘先生发现支付宝上多了一条5997元的交易记录。他才意识到被骗。

案例 3

直播平台中，主播们靠自己的直播内容赢得粉丝的喜爱，粉丝们送来的

第四章 社交互联网诈骗

鲜花、礼炮、跑车等礼物对于主播来说一方面颇有成就感，另一方面主播可通过这些礼物折现获取酬劳。谁知，不法分子也看准这一机会，实施诈骗。网络主播冯MM正在直播视频时，一位热情的网友向她猛送各种礼物。随后网友主动与其聊天，表示有低价"礼物"可以出售。由于"礼物"可以在直播平台兑换成现金，而该网友提供的价格仅为市场的一半，让冯MM倍感心动，按网友要求转账数千元。转账完成后，网友却没如期在直播平台上送出跑车、火箭等礼物，并且冯MM已被其加入黑名单中。

案例4

2016年8月，小刘正在某频道观看直播，看到一条"帮忙找工作"的弹幕。小刘刚从老家来沪，正愁没有工作。他立即拨通了信息中留下的联系电话，并与一位自称是"方经理"的人取得了联系。"方经理"表示可以为小刘介绍月薪6000元以上的工作，但他以支付名誉保证金、注册费为由，让小刘多次扫描其提供的支付宝二维码，先后转账1000余元。当小刘完成转账后，却再也无法与"方经理"取得联系。

通过以上案例，首先大家要明白一个道理，天上不会掉馅饼，没有人会免费帮你赚钱。不轻信直播平台中所谓的免费升级、诱人广告、低价礼物、低价金币等信息，避免遭遇诈骗；同时，不向陌生人透露自己的身份证号、手机号、银行卡号、支付账户及密码等隐私信息；不随意扫码、点击不明链接，避免遭遇有毒二维码和钓鱼链接。

微信微商诈骗

一些经常出现在朋友圈的"正能量"是这样的：

你连试都不试，怎么知道自己不行？一个产品，可以骗一个人，却骗不了一群人，更骗不了大中国五湖四海的人。因为我在用，所以我推荐；因为我认同，所以我分享！女人，靠父母充其量是公主，靠老公最多是王妃，靠自己你才是真的女王！做微商不丢人，丢人的是不去挣钱还满身的负能量！今天我没时间，明天我怕卖不出去，试想，连试都没有试过，怎么知道你不行？我已经在反哺父母了，而你还在用着他们给的钱！或许正是这种稍显奇怪的语气，和每天在朋友圈刷屏一般的推销产品，让不少人觉得，做微商就是"搞传销"。

微信首先是一个社交软件，只有微信的好友才能看到朋友圈推送的内容。这就决定了微商的客户群较之淘宝商家更狭窄。很多微商急于扩大自己的客户群，就会踏入一些打着微商推广的骗子圈套。同时，因为微信带有社交性质，很多微商和顾客之间都是认识的，这样方便一些骗子打着熟人的旗号，降低受害者的警惕性。同时这也方便一些微商发展类似传销的代理商制度，通过层层发展下线代理商赚取代理费。

第四章 社交互联网诈骗

案例1

刘女士在微信群里看到一个陌生人发的链接,内容是一个"苹果手机代购"的微信号正在招收代理微商。刘女士想做代理微商赚些钱。于是,她与该微信号取得联系并缴纳了1000元代理费。等到第二天,刘女士再联系该微信号却发现自己已被拉黑。

小安是某高端奢侈品仿货的中间代理商,顾客从他这里买包,需要把钱全部小安,小安再将钱打给上层代理商,代理商再向工厂打全款并要求工厂发货,小安曾在此过程中被骗。他将钱打给上级代理,但上级代理不仅没有发货,还将小安删除并拉入黑名单。最终,小安只好自己垫钱返还给顾客。

小安说,这种经销方式有点像传销,代理商想要赚钱需不断发展下级代理商收取代理费,"而代理商发展下线时,只会出示自己的销售记录、商品图片,并没有实物。其实很好伪造"。

案例2

微商崔先生说,他刚开始做微商的时候被顾客欺骗过。该顾客一开始提出买3盒面膜,并声称通过银行卡给崔先生转账。过了一会儿,崔先生收到一条短信,短信显示崔先生的账户已收到钱。紧接着,该顾客提出,第一次买面膜不知道好不好用,先买一盒,他要求崔先生把2盒面膜的钱退给自己。崔先生没有多想,就把钱从自己的卡里退给该顾客。结果,崔先生查询银行卡发现,自己只是收到了一条伪装成银行信息的短信,自己的卡里并没有收到货款。崔先生白白把2盒面膜的钱给了该顾客。崔先生再想和该顾客理论,发现对方已把自己拉黑。

案例3

河北"微商"店主严女士说,去年八月份,通过同学的朋友,加入微商

行列。"她最开始在朋友圈发了一个产品,这个产品我从来没有听说过,然后我就问她。她说这个产品现在特别流行,而且用得特别好。"这个产品就是面膜。

严女士发现,这位"微商"卖家一直在朋友圈发自己的销售截图,以及有车有房、四处游玩的生活照片。这让严女士越来越心动。"她跟我说,只要我好好做,她保证我一个月至少赚上万,还有做得好的半年以后就可以买保时捷了。"

最终,严女士加入了这个微商团队,并拿了六千元的货。在接近两个月的时间里,她却只卖出了10多盒,利润才六七百元。于是,严女士跟上家抱怨说:"为什么我就卖不出去货呢?"这时,上家才告诉她,真正的赚钱不是靠零售,而是要靠发展下线,而手段就是:做假!

让严女士吃惊的是:赚钱的截图、订单都是可以造假!

案例4

杭州临平的小杨在做微商,5月份在朋友圈看到一款治疗妇科疾病的药品,据说利润很高,也很好卖。利润丰厚,还可以退货,她心动了。

朋友圈里这个朋友,微信名叫沫沫,小杨不熟,更没见过。推荐的是一款妇女用抑菌粉,叫佳茵。

沫沫告诉小杨,该产品专门针对女性妇科疾病的,宫颈糜烂,霉菌,滴虫啊,有缩阴润滑这些功效。

小杨跟这个沫沫聊完后算了笔账,第一利润丰厚,第二对方承诺卖不出去,可以退货。她觉得这笔生意可以做。

小杨一口气就投了五万多块,原以为能赚一笔,可真到要卖了,却发现没有对方说的那么好卖,关键是,销售过程中,那个沫沫还教他造假。

小杨:"打个比方这个是顾客,在吗,佳茵怎么卖,然后我这边,就是自己对话嘛,然后我就会问他,你哪里不舒服,先问他症状,病情,你看造假。"

第四章 社交互联网诈骗

小杨告诉记者，对方给了她一款手机软件，通过软件，可以伪造微信聊天记录，甚至可以伪造微信红包和转账记录。

小杨："红包也可以，转账也可以，我打个比方转账，转账一千，转给他，我这边可以收账，没钱，这个都是假的，发朋友圈不是很真实吗？"

小杨也问了一些顾客，得到的反馈是之后没有什么效果。她又算了笔账，觉得不能再继续了，要求退货。

拨打这个沫沫的电话，始终无人接听。

为加强网络传销打击力度，工商总局下发通知，要求各地工商、市场监管部门进一步做好查处网络传销工作。报道称，近年来，网络传销违法活动日益突出，打着所谓"微商""电商""多层分销""消费投资""爱心互助"等名义从事传销活动屡见不鲜。网络传销因其主体和标的虚拟性、行为跨地域性等特点，与传统传销相比更具隐蔽性、欺骗性和社会危害性。网络传销案件往往蔓延速度快、涉及人员多、波及地域广、涉案金额大，严重损害人民群众利益，影响社会和谐稳定。

然后，怎样辨别你朋友圈里那些刷屏的人是微商还是传销呢？

据中国消费网介绍，当前网络传销主要有以下五种表现形式：

1."电子商务"式。不法分子首先注册一个电子商务企业，再以此名义建立一个电子商务网站，并以"网购""网络营销""网络直购"等形式从事网络传销活动。

2."免费获利"式。社会上出现不少"免费获利""增值消费"式传销行为，宣称"消费不用花钱，免费购买商品"，"消费＝存钱＝免费""消费满500返500"等，欺骗性强，诱惑力大，引起不少人的兴趣，最终上当受骗。

3."网上创业"式。打着"一边上网娱乐，一边上网赚钱""吃着火锅刷着微博，月收入10万元"的宣传旗号。一些网络传销分子抓住年轻人急于创业、渴望成功的心理，以"在家创业""网络创业""网络资本运作""网络投资"为诱饵，欺骗、引诱年轻人上当，从而达到发展会员进行网络传销的目的。

4."网络博弈"式。以玩网络游戏、网上博彩为名,发展会员从事"游戏股票""幸运博彩"等游戏充值卡业务,以直销奖、销售奖为诱饵发展下线。

5."爱心互助"式。某些网站宣传一些有"特别功效"的生物保健品,宣称入会后就能便宜或返利,以此进行网络传销。为了防止成为传销链条的一环,从上当受骗者成为参与传销的违法人员,损害个人信用和声誉,工商总局还提醒大家,应理性选择合法投资渠道,不要被所谓快速致富诱惑。

1. 针对涉及金额较大的商品,请不要选择异地微商交易,同城交易则与微商当面交流,确认对方地址及身份信息。

2. 当对方给出的支付宝显示"未实名认证"后,请果断放弃交易。

3. 购买产品之前,不要急于当天下款,反复咨询几天后,查询相应信息,对比微商的话,有无自相矛盾之处。

4. 不要轻易购买虚拟产品,购买实物产品也应首选货到付款方式。如对方不支持货到付款,请自行判断微商诚信度。

5. 不要轻易相信微商空间里面的产品图片与交易截图,这些都可以通过软件作假。

6. 那些靠招代理挣钱的微商,靠卖产品无法赚取利润。利用传销模式发展代理的微商,只能靠下级代理挣钱,可以考虑放弃。

7. 对比淘宝购物经验而言,微信购物目前存在很大的风险,售后无法保证,金钱无法担保,消费者权益也无法得到保护。

第四章　社交互联网诈骗

网游交易诈骗

随着网络游戏的快速发展，网络游戏诈骗案件也在逐渐增多。今年以来，江苏省无锡市已发生多起网游诈骗案件，涉案金额8000余元。常见的诈骗手法有：一是犯罪分子利用一些热门网络游戏网站向游戏玩家发送消息，兜售点卡或游戏代练，且实行明码标价，价格从几十元到几千元不等，伺机行骗。

案例1

2015年5月初，李先生在玩一款网络游戏时认识了一个朋友，为了便于联系，这位"朋友"就将李先生拉入了一个QQ群。

在这个QQ群中一个网名叫"百事"的人和李先生说，他已经掌握了该款游戏中八卦炼丹炉的摇奖规律，可以投资赚钱，只要把钱交给他，挣到的钱就和李先生三七分成。这时，群里还有人响应，声称"百事"已经帮他赚了钱，并把相应的"炼丹"中奖视频发给李先生看。李先生感觉自己真的遇到了"高人"就相信了他。

起初，李先生每次给"百事"打钱后都能按时收到对方的返钱，这让李先生尝到了甜头。但是一个月后，"百事"说游戏的服务器更改了，他要重新掌握炼丹的技术，可能需要一段时间，但很快就能再次掌握赚钱的技术。

从那以后，李先生继续给对方打钱，每个月给对方账户打五六次钱，少则几千，多则数万元，但往往多次打钱后才能收到对方返给他的一次盈利。

就这样，李先生自2015年5月至11月，半年期间陆续通过网银向对方账户转了80余万元。今年2月24日，李先生发现自己的QQ号已被对方拉黑，这时李先生才意识到遇到骗子，遂报警。

案例2

小施今年二十出头，闲暇时喜欢去网吧，和朋友一起玩玩网络游戏。前段时间，小施开始玩一款名叫QQ炫舞的网游，并沉迷其中，无法自拔。

玩了一段时间后小施发现，不管自己花多少时间，在等级上都没办法超越朋友。为快速提升等级，小施想到花点钱找个代练，"以前玩别的网游时，也找过代练。"自认为有经验的她，随即上网以"代练"为关键词进行了搜索。很快，小施就找到一个看起来可信度比较高的，与其谈妥了价格，200元升一级。对方提出，必须先付款才能代练。

"当时我没怀疑什么，就通过QQ红包的方式，打了4000元给他。"几天后小施发现，自己账号的等级丝毫未动，赶忙在QQ上询问对方，对方称因为最近接的单比较多，所以有所耽搁，"他跟我说，如果我再多付点，可以帮我先刷等级。"小施汇出2000元后，对方还称，需要再花点钱买点装备，这样级数升得快。二话没说，小施按对方要求又汇了3000余元，然而没过多久，小施见自己的游戏账号还是没有动静，再联系对方时，对方已经将她拉黑。

受了骗后，小施心情非常沮丧。为追回自己的钱，赶紧上网搜索"遭遇网络诈骗后该怎么办"，很快她在一个帖子里看到，可第一时间上网找"网络警察"帮忙，后面还附带了所谓的"网警"的网页链接，"看上去是个非常正规的网站。"

第四章 社交互联网诈骗

小施点进了链接，找到了一个"网络警察QQ在线客服"的窗口，向对方描述了自己遭遇的骗局，希望网警可以帮忙讨回自己的钱。"客服"称，需要一段时间进行调查，并叫小施提供了诈骗者的相关信息。没多久，"客服"找到小施，称调查有了进展，诈骗者的账户已经被冻结，如果她想拿回自己的钱，必须先解冻对方的账户，"客服说解冻对方账户，是要付手续费的。"对于"客服"身份丝毫没有怀疑的小施，又通过支付宝汇给对方4000余元。然而让人没有想到的是，当小施再联系"客服"询问进展时，自己已经被拉黑。

被骗两次后，小施只得向辖区派出所报警求助。

案例3

某宝上一名叫"水灵龙cindy"的卖家通过店铺对外销售著名网络游戏《魔兽世纪》的虚拟道具（游戏角色的坐骑），其中商品"白毛犀牛"的单价为1200元，"幽灵虎""魔法公鸡"的单价为1500元。短短三天时间，就有大量买家拍下并付款，可付钱之后，卖家就石沉大海，没有了音讯。三天后，淘宝因接到大量买家的投诉，这家网店被关闭。

家住吴泾的小宋是其中一名受害者，一般网络购物，买家拍下商品后，需要点击收货，买东西的钱才会真正的转到卖家账户里。那小宋为何会在尚未收到商品前就点击收货呢？原来，卖家在小宋付款后，主动联系他，号称目前商品比较少，上家遇到点资金问题，需要先收到货款给上家然后再发货。因为虚拟商品没有寄送环节，小宋特意查看对方商铺的信誉度是四钻（以往商品销量达到2000件以上），就点击了收货，不想最后却遭遇了骗局。

案例4

毛先生在玩手机游戏时，突然从窗口弹出一个低价出售游戏装备的消息，

·127·

毛先生看到这条消息便心动了，于是马上添加了对方的qq号，联系到了对方。对方对毛先生说："你要先充值200元注册账号，这是购买装备的第一步。"毛先生听了对方的话马上进行了充值，充值成功后立马联系了对方，对方又对毛先生说："你要再次充值1200元作为开通账号的押金，这是购买装备的第二步。"毛先生听了对方的话感觉是那么回事便再一次充值了1200元作为所谓的开通账户押金，充值成功后毛先生马上联系到了对方，对方对毛先生说："你现在可以用你自己注册的账户登陆了。"毛先生听了这番话非常开心马上进行了登录，在登录时突然弹出一个窗口"您的个人信息出现问题账号被冻结"，毛先生看了这番话惊呆了，他在想刚才一切不都进行得很顺利吗？客服也说可以进行登陆了，为什么登录的过程中账户却被莫名其妙冻结了。他很着急便立刻联系了对方，对方说："先生，您的账户确实已被冻结了，现在您需要充值6600元才能将账号解冻。"毛先生听了这番话很着急，心想能解冻账户才是关键，便立马按照对方的提示把钱打了过去，转账成功后，毛先生立马联系了对方，但这时对方已将毛先生拉黑了。毛先生这才发现自己被骗，立马报警。

为避免落入陷阱，游戏爱好者务必了解常见的几种诈骗手段。

低价售物法

在游戏中以低价销售游戏币或装备为名，让玩家线下银行汇款，待收到钱款后立即消失。此类案件是网络游戏诈骗中发案最高的一类。

买卖账号法

以高价收购玩家高等级游戏账号为名，并诱使玩家登陆钓鱼网站进行交易，从而获取玩家银行卡信息，伺机盗取玩家银行卡内钱财。

升级代练法

在游戏中发布虚假广告，称可低价代练游戏角色等级或装备，从而获取玩家游戏密码并要求玩家先行支付部分费用，等得到玩家汇款后立即将玩家的装备、游戏币洗劫一空，并立即消失。

第四章 社交互联网诈骗

1.不要轻易相信网络游戏中的中奖信息,购买装备和虚拟货币时尽量通过认证的方式进行交易。

2.申请游戏号用实名制和真实身份证填写资料,牢记密码提示问题和答案。一旦发现丢失可以立即用密码提示取回。

3.开发者应建立装备密码仓库,游戏者在下线时,可以将装备和虚拟货币存入密码仓库。

反电信互联网诈骗攻略

陌陌诈骗

"陌陌"是陌陌科技于 2011 年 8 月推出的一款基于地理位置的移动社交产品,通过陌陌,用户可以认识身边的人、加入附近的群组、查看附近的留言、参加附近的活动,还可以和朋友交换各自的地理位置等。

"就是因为陌陌推送的广告,让我被骗了一万三千元,半年过去了,直到现在都没能挽回损失。"

2016 年 9 月 26 日,在某装饰公司供职的邓富(化名)在陌陌上看到一条贷款广告,因为急需资金,便按照要求填写了贷款申请,没想到竟然遭遇了骗局。

邓富回忆,当时他急需资金周转,在浏览陌陌时发现一条"缺钱!找东圣贷款"的贷款广告,该条广告号称只需填写个人信息,就可以办理贷款业务。

"因为是在陌陌上看到的,我以为都经过了陌陌的审核,没有问题。"基于这样的判断,邓富就依照东圣的要求填写了个人信息,申请贷款 5 万元。次日,一名自称东圣贷款的工作人员打来电话,与邓富核实了贷款需求后表示,东圣的贷款月息仅为 0.6%,但贷款人必须提供工商银行或建设银行的流水,否则需新办一张银行卡,存入贷款总额的 20%,即 1 万元作为查验还款能力的"还款验证金",否则不能申请贷款。

第四章 社交互联网诈骗

由于当时邓富手中并没有工行和建行银行卡，无法提供资金流水，为了能够尽快贷到款，他便依照上述工作人员的要求，办理了一张新卡，并存入1万元作为还款验证金。

办理完上述手续后，对方称"要等银行确认，之后会有银行工作人员联系你。"随后，一位"银行工作人员"联系邓富，要求他提供手机刚收到的一个验证码用于贷款审核。

"当时贷款心切，他要验证码，就给他了。"邓富回忆，在他把验证码告诉对方后，发现银行卡内少了9900元，"还款验证金"被划转到一个上海的银行账户。

邓富坦言，自己当时也曾怀疑这是否是一个骗局，但想到该广告发布在陌陌平台上，陌陌应该做了审核，便放松了警惕。

在将一万元转至所谓的东升贷款账户后，东圣贷款工作人员又联系邓富称"贷款已批准，再转3000元的利息即可放款，但是，我按照要求转款之后，对方又要求再转5000元，这时我才彻底意识到被骗了"。

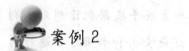

案例2

某日晚上，刘先生跟同事打完球回到工位拿东西正准备走的时候，突然手机陌陌消息响了，一看一个很温馨的问候："下班了吗？"刘先生当时一看自己是被一个陌生人通过附近搜索到的，起初还以为是公司的同事，就随便回了一句："正准备走，你呢？还加班吗？"对方又回复刘先生："早下班了，现在无聊，找人聊聊天。"刘先生再仔细一看，对象为女士，照片还不错，温柔可爱型是刘先生喜欢的类型，然后就开始正式聊天了。

刚开始俩人随便聊了聊各自的工作，女士自称是自己开店卖化妆品的，刘先生也如实地告诉对方自己是一个北漂的IT屌丝男。随后他们又聊了聊各自的感情生活，女士开始问刘先生："照片是你本人吗？"刘先生回答："是"。女士又问："有对象了吗？"刘先生说："没有。"对方说不信长这么帅连对象都没有，得到刘先生再次肯定地告诉她没有女朋友后，女士说她叫王若雪，让把刘先生的电话和名字发给她存到手机里，这样好方便见面联系。然后刘先生就怀着激动的心情发了过去，再问她的电话多少啊时，女士告诉刘先生明天正准备换手机，等明天换了新号再告诉，刘先生给当时稀里糊涂相信她了。后来他俩就甜蜜地聊了聊缠绵的话，说明天给打电话约见面的地点。

第二天，刘先生刚午休起来，突然一个陌生电话打来了，是陌陌上女士打过来的，当时刘先生感觉声音不像想象里那么幼稚逼真，选择相信是陌陌女士本人了。下午下班两人约见面。见了面以后，相互寒暄了一下，刘先生说咱找个地方吃饭吧我还没吃饭呢，女士说已经吃过饭了，就去对面咖啡厅坐会聊聊天吧。咖啡厅门口一个男服务员很主动的开门，然后热情地把俩人领到屋里暖和的沙发座位。一个男服务员拿着菜谱过来了，刘先生很绅士地递给女士，一分钟不到就点好了，服务员上来了一壶茶（自称铁观音）、一个果盘、几袋小吃摆在桌上。然后服务员就说先生买下单，刘先生问多少钱，服务员很小声地回了句总共消费620元。虽然觉得很贵，但碍于面子，就强忍着把卡刷了。后来，女士又通过各种点餐手段累积让刘先生刷卡消费1800多元。事后，刘先生才恍然大悟：这是女士和咖啡厅串通好的骗局。

案例3

2015年夏天，汪某在"陌陌"上结识了27岁的宁波女子胡某，他自称叫"林健翔"，是东方航空公司宁波分区的机长，南京人，住在宁波某优质小区。胡某对"林健翔"很有好感，两人常常打电话、发微信，感情迅速升温，不久后便开始交往。

胡某觉得自己很幸运，能交上一个"机长"男友，便将自己的有关情况都坦诚相告。可是过了几天，有个叫"王雨涵"的女人加了胡某的陌陌号，自称是"林健翔"的同事,是一位空姐。

"王雨涵"对胡某说,她很喜欢"林健翔",让胡某主动离开。其实,"王雨涵"也是汪某编造出来的,目的是让胡某对他机长的身份深信不疑,此外,制造了有人跟胡某"竞争"的假象,也可以让胡某对自己百依百顺。

为寻找刺激,汪某还让胡某把她的裸照发来,当时,胡某对"林健翔"已经是完全信任了,为了抓住"机长"男友的心,她乖乖地将自己的几十张裸照微信发了过去。

去年10月,"林健翔"说自己银行卡被吞了,急需3.3万元钱,请胡某帮忙借一下,把钱打到自己朋友汪某的建行卡上,胡某很快便汇了过去。随后,"林健翔"的手机就关机了。胡某多次电话短信催钱,都被汪某以各种理由推掉。无奈之下,胡某报了警。

案例 4

2016年8月下旬,市民邹先生办完事,无聊时打开软件"陌陌",搜索到附近一位名为"sunny"的网友。"sunny"介绍了一个彩票、足球等投注网站,引导邹先生在该网站上投注,称若听其指挥下注,百分之百赚钱。

起初,邹先生投注一两百元的小额资金,每次都能赚取10%的利润,直到8月底,邹先生共赚了1万余元钱。见有利可图,在"sunny"的引导下,邹先生按照指示开始新的投注玩法,在网上实名注册用户名和账号,通过网银向账号转账,钱可以随时转入转出。

"sunny"介绍,新的玩法一次性投注不能低于5万元,一天可以投注两次。按要求,邹先生购买了5万元的彩票,十分钟后,开奖显示其中奖金额5千元,账号总金额为5.5万元。中奖后,邹先生试图把钱取出,但最终未果,他便联系网站客服,客服提示注册用户名和账号不匹配,普通用户注册满一个月后才能更改用户资料。邹先生检查注册名和账号,发现注册账号的确少了一位数,因此也没有怀疑,并按照"sunny"的引导,再次注册了新用户,继续投注。这样，邹先生又投注了5万元，再次赚取利润，但钱同样无法取出，这次的理由同样是用户名和账号不匹配，账号少了一位数。

连续两个栽在账户上，邹先生开始怀疑，但他出于侥幸心理，继续连本带利投资，直到9月18日，邹先生发现投注的网站无法打开，网站提示系统维护。9月24日，邹先生才意识到自己遭遇诈骗，但此时共计被骗走了14万余元。

社交诈骗账号的特点。

1.等级很低，一般都是最低的那一级。因为经常骗就会经常被投诉，所以经常换号。这个是最典型的鉴别方式，也是第一重要的。

2.一开口就诱惑你，或者出来喝酒（酒托）、或者喝茶（茶托）、或者约会（仙人跳）、或者扮可怜说自己生病没钱医治、没学费上学等理由，然后向你借钱的，都是骗子。

3.要求对方发相片给你看而拒绝的（当然也有初次认识不愿意发给你的在内，这个要鉴别），或者主动发比较暴露的相片给你看的。

第四章 社交互联网诈骗

婚恋网：骗钱骗感情

"你嫁，或者不嫁，你妈总在那里，忽悲忽喜；你剩，或者不剩，青春总在那里，不来只去。"网络上，类似这种调侃单身男女的相亲段子并不少见，大龄单身青年的婚恋问题，已成为时下社会的一个热门话题。

因此，各类婚恋网站应运而生，在虚拟空间为青年男女打开另一条择偶途径。然而，随之而来的问题是，借婚恋网站行骗的案件也时有发生。

案例1

31岁的李先生是一名白领，平时忙于事业的他一直没能寻得心仪伴侣，今年6月，他在世纪佳缘网上注册账户，希望能成功找到另一半。没多久，他便通过网站认识了一名自称香港人的金姓女子，两人通过信息、电话聊了几天，金某常谈及自己非常懂得照顾家庭和事业，让李先生"感到相处十分融洽"，认为"找对了人"。

6月19日，两人刚认识十天，金某说自己在香港的新店即将开业，要李先生赠送牌匾、"发财树"等。李先生表示，当时他提出了见面的要求，但对方坚决表示先送礼物，新店开业后便可见面。李先生认为双方感情稳定，送礼物实属正常，因此分两次共转账1.3万元到了对方指定的账户，没想到，之后金某的电话再也打不通了。

 案例 2

小优今年30岁，在一家外企做销售，由于工作忙碌，父母又不在身边，一直没有男朋友。电视中频繁播放的珍爱网的广告让其有了尝试的念头。2016年7月份，小优注册成为珍爱网用户，并交了2999元费用，成为高级会员。8月13日，小优在珍爱网与杨超"邂逅"。

小优发现杨超的资料显示住在北京朝阳区，收入不错，且外形帅气稳重，于是主动给杨超发信联系，很快杨超回复了。

两人刚认识时，杨超说其实他从小在香港长大，资料显示的是出生地，现在任一个建筑项目的总监。小优并不相信异地恋，但杨超每天早晨和晚睡前都发短信问候，既不特意讨好也不穷追不舍，这种嘘寒问暖让小优不知不觉地投入了感情。一个月后，她收到杨超的一封情书，细述两人交往的种种细节和他深深的爱意，她的心彻底被打动了。

此后又一个星期，杨超很正式地和小优谈起未来的生活，小优表示自己在北京有一套房，并且独自还贷款，而杨超希望她能去香港，"不用担心，贷款我帮你还，你来香港可以不用工作"，小优很感动，但仍表示要自己还贷，这让杨超很"生气"，说小优不信任他，这也是他们第一次闹别扭。

误会解开后，小优对杨超越发信任，并更加珍惜他们之间的感情。在她的世界里，感情最大，为了爱人，她愿意放弃北京的一切，去追随杨超。

9月下旬的一天，杨超兴冲冲地告诉小优，他已经委托大陆的律师帮她办理入港申请，让小优提供自己的资料。小优有所顾虑，但还是填写了资料。

几天后，一个自称受杨超委托的律师给小优打电话，让其交纳办理香港居住证的律师费用18000元，先交8000元，办成以后再付款1万元，小优咨询了做律师的朋友，发现有很多疑点。小优将自己的顾虑告诉杨超，但杨超的反应超乎寻常，他说如果不汇款，就不是不信任那个律师，而是不信任他，两人为此吵得很凶。

争吵后,小优内心极为纠结,她心里隐约觉得对方可能就是骗子,汇钱后这个叫"杨超"的人很可能就会消失。但陷入感情漩涡的小优不甘心,3年没恋爱的她终于遇见一个"对"的人,她想着他的种种好,而8000块钱说多不多,说少不少,小优愿意去赌一次。

之后的日子一切如常,小优懊恼自己多想了。杨超说要利用国庆假期从香港来看她,他特地问了小优手指的尺寸,去购买了订婚对戒和玉镯子。而小优则开始为杨超准备各种生活必需品,还为他父母买了礼物,这些物品的值加起来远远不止8000元。

小优没有想到,这场看似甜蜜的感情经历只是一场虚幻的梦。10月2日,对方"人间蒸发了",留下在首都机场苦苦等待的小优,她觉得内心深处感情被骗的伤害远大于8000元财产的损失。

案例3

最近几年,因为军旅戏的热播,戴墨镜的特种兵和乌鲁克晨跑的兵哥哥收获了一众少女心。

李女士便是这其中的一位。在国内一家几乎家喻户晓的婚恋网站注册后,李女士在2015年收到一封自称姓王男子的求爱信,该男子先是声称自己在国家档案局工作,后又称自己是总参军人,负责东突和相关恐怖案件侦查,大部分时间在新疆库车工作,并因为手机被监视,不能轻易打电话发短信。

两人建立了恋爱关系后,李女士父母觉得王某较为可疑。李女士邀请王某到家中作客,王某当众出示了伪造的军官证,但当李女士父母想拍照时,他以涉密单位不得拍照为由回绝了。恋爱期间,王某以家里盖房子、调动回北京、陪领导吃饭、出车祸为由,陆续骗取李女士43500元。

而后王某假称在工作中遭遇事故下落不明生死未卜,并以助理的身份告知李女士自己已失去联系，从此不再联络。此时李女士方觉得可能受骗，其父通过私人关系核实王某真实身份——原来，常年因为和妻子关系不好，王某在婚恋网站上注册了账号，用假名以单身的身份找人聊聊并伺机诈骗。

案例 4

某学校的声乐老师小张在婚恋网站的账号上收到一封私信，男子刘某自称是进出口贸易的董事长，在京有房有车，小张回信后两人相约见面。

在之后的交往过程中，刘某告诉小张自己是南京军校毕业，担任军委领导的秘书，后任总参数字化师的副师长，担任军火贸易公司的一把手。

小张看过刘某穿军装的照片，跟随刘某去饭店、靶场等地游玩时众人也都称呼刘某首长，百度上也搜索到刘师长参与活动的照片，遂相信了刘某的领导身份，并与之发生关系。小张与刘某见面并不多，主要通过电话、短信联系，偶尔联系不上时会有一个自称刘某助理的人与小张联系。期间，刘某以弟弟和别人打架自己给钱不方便为由，向张某借款1万元，一直未归还。

后因刘某并没有住房，且抗拒结婚，小张产生怀疑，遂让自己的朋友通过该婚恋网站试探刘某，刘某欲与其朋友交往时小张方发现自己被骗。而其报案后才得知刘某已婚，并非现役军人，还曾因犯伪造武装部队证件罪被判过刑。

1.增强个人信息保护意识。

除了网站注册需要的信息之外，在交友过程中要防止个人信息泄露，如住宅电话、手机号码、办公电话、家庭住址、公司名称、银行卡号等。

2.不要轻信陌生人。

婚恋网是一个真实、安全、纯净的婚恋交友空间，我们会严格把关注册会员。但是，我们仍建议大家对陌生人保持警惕，除非你与对方已经有长时间的交往，而且建立起一定的信任，否则轻易不要与对方约会。

3.交友时保持平常心，步步反思自己。

找到感觉合适的交往对象后反思自己想要得到什么。不要强迫自己做使自己或他人不愉快的事情，不要过早过快投入自己的感情和人身。尤其是在约会前，请慎重考虑。

4.约会时选择公共场所，并告知他人。

如果双方的关系发展到可以足够信任对方，且可以单独约会的程度。请在约会前确定一个首要原则：选择公共场所约会，并告知自己的朋友或家人。

5.建立良好择偶观，不要一味崇拜高富帅/白富美。

在婚姻追求上渴望利益最大化，想通过婚姻改变生活，盲目去追求所谓高富帅/白富美，并想一夜暴富，这样往往急功近利，容易被骗子欺骗。

6.不要轻易委身于人。

无论是女性还是男性要爱护自己，不要因为金钱或者美色而轻易和人发生一夜情等，新闻上这类的骗子还少吗？多数是在发生一夜情之后，轻者被偷或者沦为小三，重者被割掉器官等。

7.不要和网友发生借贷关系。

交友过程中尽量不要和网友发生钱财或物品借贷关系。如果的确是比较熟悉，请务必留下凭据，避免诈骗事件。

参考文献

[1] 李富成，吕琰，姚坤. 最新骗术揭秘与防范 [M]. 北京：群众出版社，2015.

[2] 丁庭柱. 居民安全防范全攻略之防骗篇 [M]. 北京：群众出版社，2014.

[3] 李易. 反电信网络诈骗全民指南 [M]. 上海：上海社会科学出版社，2016.

[4] 杨文忠. 防骗自助 100 招 [M]. 南宁：广西人民出版社，2013.

[5] 杨晓光，赵春暖. 日常消费陷阱与防骗对策 [M]. 北京：金盾出版社，2016.

[6] 翟山鹰，沈健. 金融防骗 33 天 [M]. 北京：中国商业出版社，2016.